Dictionnaire commenté du coaching

Les 200 mots du coach : spécificités et pratiques

Éditions d'Organisation
Groupe Eyrolles
61, bd Saint-Germain
75240 Paris cedex 05

www.editions-organisation.com
www.editions-eyrolles.com

© Groupe Eyrolles, 2009
ISBN : 978-2-212-54331-5

Alain Cardon

Dictionnaire commenté du coaching

Les 200 mots du coach : spécificités et pratiques

EYROLLES

Éditions d'Organisation

Du même auteur, chez le même éditeur :

L'Analyse transactionnelle, avec Vincent Lenhardt et Pierre Nicolas, 1979.

Jeux pédagogiques et analyse transactionnelle, 1981.

Vocabulaire d'analyse transactionnelle, avec Laurent Mermet, 1982.

Le Manager et son équipe, 1986.

Profils d'équipe et cultures d'entreprise, 1992.

Décider en équipe, 1993.

Les Concepts clés de l'analyse transactionnelle, avec Laurent Mermet et Annick Thiriet-Tailhardat, 1993.

Jeux de manipulation, 1995.

Pour changer !, avec Jean-Marc Bailleux, 1998.

Le Coaching d'équipe, 2003.

Leadership de transition, 2004.

Mieux vivre avec l'analyse transactionnelle, avec Vincent Lenhardt et Pierre Nicolas, 2005.

Comment devenir coach, 2008.

Du même auteur, éditions étrangères :

Profili d'Equipe E Culture d'Emprese, (traduction italienne), Franco Angeli, Milan, 1993.

Jocurile Manipulari, (traduction roumaine), Editura Codecs, Bucarest, 2002.

Analiza Transactionala, avec Vincent Lenhardt et Pierre Nicolas (traduction roumaine), Editura Codecs, Bucarest, 2002.

Coaching Pentru Echipele de Directori, (traduction roumaine), Editura Codecs, Bucarest, 2003.

Coaching de Equipos, (traduction espagnole), Gestion 2000, 2005.

Coaching si Leadership in Procesele de Tranzitie, (traduction roumaine), Editura Codecs, Bucarest, 2006.

Cum Poti deveni Coach, (traduction roumaine), Editura Codecs, Bucarest, 2008.

Remerciements

Les inspirations pour écrire un livre comme celui-ci reposent sur d'innombrables influences. Elles peuvent provenir de la lecture régulière d'un quotidien comme de recherches plus approfondies au sein d'ouvrages de référence. La grande majorité des influences qui m'ont inspiré proviennent toutefois du hasard des rencontres, de dialogues occasionnels comme d'échanges approfondis avec de nombreuses personnes lors de conférences, de formations, d'amitiés personnelles et d'expériences professionnelles. Dans certains cas, je les citerai comme des amis au sein de ce texte. Pour remercier toutes ces relations, tous ces clients, toutes les personnes qui, de près ou de loin, ont influencé ou nourri cet ouvrage, je ne saurais par où commencer. Pour leur dire à qui je dois quoi, il est encore plus difficile de faire la part des choses de façon juste et précise.

L'inspiration d'un dictionnaire tel que celui-ci est d'autant plus difficile à situer qu'elle repose aussi sur une réflexion linguistique stimulée par le sens des mots. Or, les mots que l'on utilise et le sens qu'on leur donne nous renvoient plutôt à notre expérience personnelle. Puisque je suis élevé entre plusieurs cultures et comme je reste aujourd'hui encore un voyageur impénitent, je me perds souvent dans des interprétations approximatives, des traductions peu fidèles, des conclusions hâtives, des pensées latérales. La grande majorité des définitions présentes dans ce livre traduisent une réflexion personnelle de longue date, l'expérience d'une vie ponctuée d'apprentissages divers, de métiers différents, de relations personnelles et professionnelles toujours enrichissantes, de voyages au sein de cultures variées ; en un mot, de tout un parcours. Par conséquent, ce lexique est plutôt un partage d'expériences que la proposition de fixer une réalité. Il propose au lecteur une réflexion plutôt qu'un alignement. Il vise à ouvrir un débat plutôt qu'à avoir le dernier mot.

Même s'il est encore un peu tôt pour en tirer des conclusions, je suis profondément reconnaissant envers toutes les personnes qui ont participé à ma formation, à mon développement, à ma maturation, à mon épanouissement. Il me semble aujourd'hui que tout ce que j'ai appris m'a tout simplement été offert. En deux mots, je suis reconnaissant envers la vie et les mots qu'elle inspire, et, ici, je tente de passer le relais.

Je souhaite toutefois remercier de façon précise mon épouse qui, avec son amour, son soutien sans faille, et surtout sa patience insondable m'accompagne de façon exigeante à la fois comme un coach personnel et, plus profondément, à la manière d'un véritable ange gardien.

Ce livre est évidemment dédié à Geanina et, au-delà des mots, à tout ce qui nous unit.

Pourquoi un dictionnaire commenté du coaching ?

Le coaching peut encore être considéré comme une toute nouvelle profession. Son développement incroyable, depuis maintenant quinze ans, en fait le nouveau métier à plus forte croissance au niveau mondial. Malgré ce dynamisme qui, de toute évidence, reposerait sur un accueil extraordinaire sur presque tous les marchés de la planète, force est de constater que, pour beaucoup, ce métier est encore très difficile à appréhender. Si certains ne comprennent pas du tout en quoi consiste le coaching, d'autres le perçoivent très simplement comme un nouveau packaging de théories préexistantes telles l'analyse transactionnelle (AT), La Gestalt-thérapie, la programmation neurolinguistique (PNL) et d'autres approches de développement personnel. Or ces raccourcis reposent sur un énorme *malentendu*.

Cette incompréhension a quelques raisons relativement simples. Le coaching n'est pas un nouvel ensemble théorique sur le développement du potentiel humain. C'est tout simplement un métier qui repose sur un nouveau cadre de référence très original et rigoureux. Sa pratique quotidienne implique un certain nombre de compétences comportementales et linguistiques qui existent déjà depuis fort longtemps, mais qui sont utilisées dans un but précis.

Par conséquent, pour véritablement apprendre le métier de coach, il n'y a pas matière à passer du temps à étudier et retenir un nouveau corps de connaissances. Il y a surtout à roder la pratique d'outils de communication au sein d'une relation professionnelle particulièrement originale et très précise. Ainsi, l'apprentissage du métier de coach ne se fait pas au sein d'un contexte universitaire centré sur l'acquisition d'un nouveau savoir, mais plutôt sur le terrain ou au sein d'environnements d'apprentissage qui offrent un cadre particulier centré sur la pratique et le rodage. Pour apprendre comment être coach, l'apprenti doit simplement profiter de situations et d'occasions d'entraînement répétées afin d'acquérir de nouveaux réflexes, et apprendre à mettre en œuvre un contexte de développement et de croissance tout à fait original pour ses clients.

Le langage du coaching

Jusqu'à présent, constatez aussi que le métier de coach ne propose pas une nouvelle terminologie qui lui serait propre. L'apprentissage et la pratique du métier reposent sur une utilisation de mots connus, issus du langage courant. Pour les débutants comme pour les praticiens confirmés il n'y a aucun besoin de se former à un nouvel ensemble de termes, de catégories, de concepts originaux, de jargon technique ni de langage d'initiés. Cela a une conséquence importante : au sein d'un contexte social et professionnel depuis longtemps habitué à manier un grand nombre de termes de communication, il est bien difficile pour le coaching de s'affirmer comme une technique à la fois nouvelle et fondamentalement différente. Lorsque nous utilisons les mêmes mots que par le passé, il peut sembler évident pour tous que nous parlons de la même chose.

Comment, alors, faire comprendre la différence fondamentale du coaching, sa spécificité propre et son originalité unique en passant par des mots qui véhiculent d'autres cadres de référence historiques ? Si l'on parle du coaching, qui date de quinze ans, avec des termes d'analyse transactionnelle qui existent depuis plus de soixante ans, c'est comme de vouloir aborder Google avec un Minitel. C'est possible, mais on y perd beaucoup en puissance.

Ce qui permet cette confusion, c'est que le coach utilise lui-même souvent des mots du langage de tous les jours, et déjà très largement usités dans le monde de la communication, du développement personnel et de la thérapie. Presque tous les termes qui pourraient s'appliquer au coaching existent depuis longtemps et sont déjà largement employés au sein de quasiment toutes les autres approches et méthodes issues du mouvement du potentiel humain. Par conséquent, il est difficile de percevoir que le coaching est une approche totalement nouvelle. De toute évidence la simplicité linguistique du coaching permet de nombreuses interprétations erronées et des confusions qui ne facilitent pas une réelle compréhension de ce *nouveau métier* qui repose sur *une nouvelle forme de relation avec le client*.

Le sens des mots

Comment faire comprendre la différence fondamentale du coaching, sa spécificité propre, son originalité unique en passant par des mots communs, soit issus du langage de tous les jours, soit empruntés aux approches issues d'autres cadres de référence historiques ?

Le coaching est, dit-on, une technique d'accompagnement. Or, le sens de la notion d'accompagnement, en coaching, est particulier, se reportant presque à la notion de compagnonnage.

De plus, la thérapie aussi accompagne les clients, de même que l'analyse transactionnelle, la Gestalt de Fritz Perls, et toutes les autres approches de thérapies individuelles ou en groupe du siècle dernier. En quoi, alors, l'*accompagnement* par le coaching est-il différent de l'*accompagnement* des autres approches ? Cela mérite réflexion et définition. D'ailleurs, pour en comprendre le sens pratique mis en œuvre au sein d'une relation de coaching, nous vous proposons d'en lire la définition dans ce lexique.

Ce qui apparaît avec le cadre de référence du coaching, c'est que les mêmes mots véhiculent un sens nouveau qui est propre à ce nouvel environnement. Il faut savoir que les mêmes mots utilisés par un coach ne véhiculent pas le même sens précis que pour tout un chacun. Par conséquent, répétons-le, lorsque l'on parle de coaching à un néophyte, il y a presque toujours *malentendu*. De toutes les façons, coaching ou pas, le verbe est trompeur. Tous les mots peuvent cacher autant qu'ils ne révèlent. Lorsque des termes traduisent une pensée ou une émotion, ils ne lui sont que rarement vraiment fidèles. D'ailleurs, les mots trahissent sans discrimination à la fois ceux qui les émettent et ceux qui les entendent. Même dans la même langue, nous communiquons avec approximation, sinon incompréhension. Nous vivons sous l'emprise de Babel.

Lorsque chacun lit ou utilise un mot, il le place dans un contexte qui lui est connu. Il interprète à sa façon personnelle le sens de ce mot. Comment peut-il comprendre qu'un autre donne un sens très différent au même terme s'il n'est pas passé par la même expérience ? Pour comprendre le sens d'un mot employé dans un contexte particulier, il est préalablement nécessaire d'être familier du contexte en question pour l'avoir vécu. Cela est vrai pour le coaching.

Le sens d'un mot aussi banal que « silence », souvent évoqué en coaching, ne peut être véritablement compris que si l'on connaît vraiment la pratique du coaching pour l'avoir expérimentée.

Par conséquent, lorsque ce mot est utilisé pour définir certaines stratégies de coaching, seuls les praticiens du métier sauront précisément à quel type de silence il fait référence. Tous les autres auditeurs entendront d'autres variantes de l'état auquel il fait référence. Dans ce sens, nous proposons au lecteur de consulter le mot « aspiration » au sein de ce lexique. En effet, dans le cadre de référence du coaching, il peut très souvent être associé à la pratique du silence. La notion de « question puissante » aussi.

Le paradoxe du métier

Par ailleurs, il faut savoir que l'approche de coaching est paradoxale par essence. Cela ne facilite pas la tâche lorsqu'il s'agit de définir ou comprendre le métier.

Le coach professionnel est réputé n'avoir aucun projet sur son client. Il respecte ce dernier au point de ne pas le diriger ni de lui proposer de solutions.

Cette approche très respectueuse permet au client de mieux définir ses propres ambitions, de mener à bien ses propres projets, à son rythme et à sa manière. Cette posture et cette stratégie presque totalement non directives sur le contenu des objectifs du client permettent à ce dernier de prendre toute sa place, et ainsi de développer son autonomie.

Paradoxalement, il ne faut pas en déduire que le coaching est une approche non directive apparentée à d'autres approches telle celle de Carl Rogers. En effet, certaines des questions que pose un coach peuvent provoquer chez le client un effet de déséquilibrage parfois presque violent. Si ce type de question est par définition non directif sur le contenu des enjeux du client, il peut être vécu comme très puissant si l'on considère l'importance et la profondeur du travail qu'il déclenche, et la vitesse de mise en œuvre des plans d'action. Paradoxalement aussi, cela révèle que le coaching est une approche qui a bien un projet sur ses clients. Le coaching souhaite justement que ceux-ci soient autonomes, et le deviennent encore plus au cours de l'accompagnement proposé.

Ces paradoxes du coaching, à la fois sur la forme et sur le projet du client individuel ou collectif ne sont pas les seuls. De nombreux autres termes couramment utilisés dans nos vies quotidiennes et au sein du cadre de cette approche véhiculent plusieurs facettes, quelquefois contradictoires, quelquefois mutuellement exclusives. Pour commencer à comprendre l'art du coaching, ces mots aussi méritent une définition. En guise d'illustration, nous vous proposons de consulter le mot « délégation » que tous les managers, formateurs et consultants emploient quotidiennement.

Un savoir-dire

Le coaching est donc autre chose qu'une nouvelle théorie reposant sur une terminologie d'expert. Il est un savoir-faire qui repose sur des compétences comportementales que l'on peut paradoxalement décrire avec des mots de tous les jours qui véhiculent un cadre de référence totalement original. Il faut aussi savoir que le métier de coach est surtout un « savoir-écouter » et un « savoir-communiquer » qui reposent sur un savoir-être. Par conséquent, une bonne pratique du métier nécessite une façon originale de percevoir le potentiel humain, une utilisation pertinente d'un ensemble de techniques de communication, et un type de relation avec le client à la fois paritaire, direct et authentique.

Attention

Une fois de plus, ces affirmations n'éclairent absolument pas les personnes étrangères à l'expérience spécifique du coaching.

De toute évidence, puisque le coaching ne repose ni sur une nouvelle théorie de la communication ni sur de nouveaux mots, parler du métier de coach n'est pas du tout aisé. Pour expliquer sa différence ou sa spécificité, de nouvelles définitions plus adéquates deviennent presque indispensables.

Mais il faut savoir que le sens des mots est très important dans la pratique du coach. L'essentiel des compétences d'un coach repose sur son utilisation professionnelle d'un ensemble de techniques de communication et souvent sur une très bonne connaissance linguistique. Par conséquent, si une compétence essentielle pour un coach est l'écoute, la seconde est une bonne capacité d'expression. Ces deux compétences passent obligatoirement par une bonne compréhension du sens des mots, et par le choix judicieux des plus justes.

L'écoute

Il est important de préciser que l'écoute d'un coach n'est pas tant centrée sur le problème perçu ou sur l'ambition avouée par le client. Lorsque ce dernier s'exprime ou se tait, un coach écoute surtout sa façon d'être et d'exprimer ses motivations et enjeux. Pour être plus précis, un coach ne se concentre pas seulement sur la compréhension du contenu apparent du discours, mais aussi, et surtout, sur la musique des phrases, sur les formes et les ombres de l'existence du client, sur le sens caché de ses expressions, sur les structures linguistiques et autres schémas sous-jacents que son exposé laisse indirectement apparaître.

En effet, afin d'accompagner son client dans un changement de perspective puis dans la mise en œuvre de nouvelles stratégies de réussite, l'écoute du coach est centrée sur le cadre de référence du client, ou sur *sa façon* de réfléchir, de sentir, d'agir, etc. Le coach cherche à appréhender les croyances du client, son système de valeurs, ses habitudes de pensée et d'émotion, ses schémas de comportements, etc. Par conséquent, c'est sur les *processus* du client que l'écoute du coach est centrée et ceux-ci sont souvent révélés par ses choix linguistiques.

Attention

> Il ne s'agit pas ici d'une écoute analytique, centrée sur une démarche de catégorisation des clients.

Le travail du coach consiste ensuite à intervenir de façon pertinente, courte et précise, pour provoquer silence et réflexion chez le client, parfois par une question, une reformulation ou encore par le partage d'une perception afin de l'aider à subitement prendre du recul sur lui-même.

Le moment d'intervenir et les mots du coach sont choisis pour leur puissance, pour leur efficacité et pour leur précision. L'objet de cette intervention verbale, et presque chirurgicale, est de provoquer, par quelques mots, une brusque prise de distance, de proposer un changement radical de perspective. Ainsi, un coach prête une attention toute particulière :

* d'une part, à la qualité de la communication du client ;
* et, d'autre part, à l'application pertinente des compétences de communication choisies.

Cela souligne qu'un coaching efficace repose d'abord sur un discernement auditif, puis sur une expression verbale à la fois précise, puissante et respectueuse.

L'objectif de ce lexique

Afin d'illustrer l'importance primordiale des mots dans le métier de coach, ce lexique propose un retour partiel et partial sur le sens des expressions utilisées pour décrire et pratiquer cette profession, et, pourquoi pas, afin d'aider à définir sa différence avec d'autres métiers qui se veulent proches.

Ce glossaire ne prétend pas être exhaustif. Chaque définition tente surtout de proposer au lecteur une réflexion linguistique, qui se veut pédagogique sur le contexte du métier de coach « systémique » pratiqué auprès d'un individu à titre personnel ou professionnel, quelquefois au sein d'une équipe, d'une entreprise ou d'une organisation.

Sachant que chaque définition ci-dessous renvoie souvent le lecteur d'un terme à un autre, et sachant que le sens que nous donnons à chacun des mots ne peut être véritablement compris qu'en percevant sa place au sein de l'ensemble auquel il participe, il est suggéré de consulter le lexique dans son ensemble, et bien entendu de façon aléatoire. À cette fin, l'ordre des termes proposés dans ce glossaire est tout simplement alphabétique.

A

Accompagnement

Mot très souvent employé pour définir de nombreuses approches et métiers de la relation d'aide et des thérapies. En coaching, il est toutefois utilisé dans son sens étymologique, qui est proche de « compagnonnage ».

• Il évoque la relation *paritaire* que l'on peut avoir avec un *compagnon* ou un égal lors d'un déplacement commun, d'un voyage à plusieurs ou d'une évolution partagée.

• Il sert à illustrer que le coach avance *à côté* de son client, plutôt que devant ou derrière et cela, sans le soutenir, c'est-à-dire sans le porter.

• Par conséquent, il sert à illustrer que le client est capable de marcher tout seul, voire qu'il accompagne aussi son coach.

• Notez, en passant, que la connotation musicale du mot « accompagnement » est particulièrement adaptée à la relation coach-client.

Par conséquent, le coaching n'est pas une relation d'aide, mais plutôt de compagnonnage, où chacun des partenaires chemine à la fois tout seul et ensemble. Le coach n'est pas un guide qui connaîtrait le chemin à suivre mieux que son client. Il veille surtout à ne pas se mettre sur sa trajectoire ni à la lui définir. La valeur ajoutée d'un coach est apportée par sa simple qualité d'accompagnant ou de compagnon voyageur, voire par sa présence de témoin, qui donne au client l'espace nécessaire à la définition de ses propres motivations, de ses propres objectifs et des moyens qu'il souhaite obtenir et mettre en œuvre pour les atteindre.

Voir aussi : *Témoin*.

Accord

Équivalent anglo-saxon d'*agreement*, pierre angulaire de la pratique quotidienne du coaching. Dans ce sens, le mot « *accord* » pourrait avantageusement remplacer celui de *contrat*, bien trop souvent utilisé, sinon galvaudé, dans les milieux de coaching en France.

En relation de coaching comme en musique, un accord évoque une mise en harmonie. Deux personnes qui s'accordent se mettent sur la même longueur d'onde pour ensuite communiquer, cheminer et créer ensemble, comme au sein d'un ensemble musical.

Attention

> *À un premier niveau corporel ou physique, lorsque deux ou plusieurs personnes s'accordent ou se mettent sur la même longueur d'onde, il est envisageable d'imaginer que leurs gestes, leurs rythmes respiratoires, cardiaques, et cérébraux, leurs tensions artérielles, etc., s'ajustent au point de presque se superposer.*

Ce type de mise en harmonie interpersonnelle et corporelle est mesurable au cours de toute conversation intime accompagnée d'écoute profonde et respectueuse. Cette relation d'intimité respectueuse est particulièrement caractéristique de la vraie relation de coaching. De façon beaucoup plus opérationnelle, et pour accompagner un client de manière efficace, un coach « s'accorde » avec son client de façon régulière tout au long de chaque séance et séquence de coaching. Par son écoute accompagnée de questions et de reformulations précises, le coach s'assure que chaque étape du cheminement du client respecte son intention, son rythme, sa volonté.

En coaching, il existe de nombreux types et niveaux d'accords avec les clients. Le premier niveau, le plus formel, est le contrat formel de coaching. Il est suivi :

- d'accords sur le type de la relation coach-client ;
- d'accords de séances sur une ou plusieurs heures ;
- d'accords de séquences sur quelques dizaines de minutes ;
- d'accords préalables aux interventions du coach, telles des demandes de permission d'intervenir, de poser une question, etc. ;
- d'accords de confrontation qui servent surtout à révéler au client des écarts perçus entre ce qui est dit et ce qui est fait par le client ou par le coach ;
- d'accords ou contrats d'application sur le terrain par le client ;
- etc.

Ce souci, pour le coach, de régulièrement s'accorder avec son client, d'abord sur ses objectifs, ensuite sur toutes les étapes de son cheminement permet de s'assurer que c'est le client qui dirige sa propre trajectoire tant sur la forme que sur le fond.

Voir aussi : *Contrat.*

Acquisition

Dans le monde des affaires, il s'agit généralement du rachat d'une entreprise par une autre. Une acquisition est habituellement présentée comme un investissement destiné à produire une valeur ajoutée dans un délai précis.

Attention

> *S'il est relativement facile d'acquérir une entreprise, il n'est pas automatiquement acquis de savoir la piloter. Il faut d'abord vouloir en comprendre le mode d'emploi.*

Il faut savoir qu'une grande majorité des jouets nouvellement acquis sont immédiatement détruits par des utilisateurs impatients qui ne prennent pas le temps d'en lire la notice d'utilisation. Cela vaut pour de nombreuses acquisitions d'entreprises qui se révèlent être des dépenses inutiles à très court terme, par manque de sagesse des acquéreurs dans le pilotage de leur nouvelle entreprise. Ceux-ci partent du principe que lorsqu'ils ont réussi à acheter ce qu'ils considèrent comme une proie, leurs difficultés sont derrière eux.

Ces nouveaux propriétaires arrivent généralement en conquérants impatients, ils ne prennent pas le temps de comprendre le mode opératoire de leur nouveau terrain d'apprentissage. Leurs erreurs immédiates ne font souvent que détruire le potentiel de leur acquisition, en faisant fuir les meilleurs salariés accompagnés des meilleurs clients. Par conséquent, de nombreuses acquisitions ne rapportent pas la moitié de ce qu'elles ont coûté.

Pour faire en sorte qu'une nouvelle acquisition soit profitable, il est utile d'accompagner à la fois les acquéreurs et le système acheté pendant leur temps d'apprentissage de leur nouvelle relation et du copilotage de la nouvelle entité.

Voir aussi : *Métaculture.*

Alliance

Partenariat clairement délimité entre plusieurs individus ou ensembles collectifs. Une alliance n'est pas un mariage, ni une fusion ni encore une acquisition. En entreprise, une alliance se fait autour d'un projet collectif entre deux ou plusieurs entités individuelles ou collectives qui décident de rester différenciées par ailleurs. D'une part, les partenaires y définissent de façon précise leur champ de coopération et, d'autre part, ils se réservent de larges zones d'autonomie, voire de concurrence.

• SkyTeam regroupe une poignée d'entreprises de transport aérien qui demeurent autonomes, voire concurrentes, sauf lorsqu'elles partagent certaines destinations ou des moyens définis (sachant que le groupe Air France qui comprend KLM fait aussi partie de l'alliance SkyTeam).

• Renault, Peugeot et Fiat coopèrent dans le développement d'une pièce ou d'une plate-forme automobile commune, tout en restant des concurrents sur le même marché européen, voire mondial.

• L'Europe, aujourd'hui encore, n'a pas de constitution et repose sur une série d'alliances limitées qui, selon le thème concerné – échanges économiques, monnaie, défense, gestion des frontières, etc. –, ne regroupent chaque fois qu'une partie des pays constitutifs de cette alliance à configuration variable.

Dans la mesure où elle ne sert pas à créer des liens de subordination entre les partenaires, une alliance peut souvent représenter une première étape dans la constitution d'un système plus formel en réseau ou à structure hiérarchique. En accompagnement d'alliances, le coaching est encore relativement rare car les ambitions de coopération des membres d'une telle entente restent limitées.

Alliance (bis)

Un coaching performant est réputé reposer sur une alliance solide entre le coach et le client. Pour être optimale, celle-ci reste centrée sur l'atteinte des objectifs de ce dernier. Cette relation de confiance est le premier véhicule qui assure la performance d'une démarche de coaching.

Savoir créer ou cocréer cette alliance relationnelle par de nombreux accords avec le client est considéré être une des premières compétences essentielles du métier de coach.

Voir aussi : *Accord.*

Ambition

Genre d'objectifs portés avec passion, « grandioses » selon certains ou « irréalistes » selon d'autres, que l'on se fixe alors que l'on n'a pas encore d'idée précise des moyens à mettre en œuvre pour les atteindre ni des stratégies à établir pour se les procurer.

Le fait de savoir se déterminer des ambitions fait partie intégrante de la dynamique d'un leader, en opposition à celle d'un manager. Ce dernier, bien plus raisonnable, se fixe des objectifs qu'il considère comme réalistes, c'est-à-dire en adéquation avec des moyens inventoriés et disponibles, voire en se réservant une petite marge de sécurité pour être vraiment sûr d'atteindre des résultats raisonnables.

Pour résumer, un manager se fixe des objectifs sûrs en fonction de moyens déjà inventoriés et acquis, alors qu'un leader ou un visionnaire se motive et mobilise son entourage pour trouver ou développer les moyens de réaliser une ambition.

Il est souvent intéressant d'entreprendre un parcours de coaching pour transformer une dynamique de manager en démarche de leader, réputée beaucoup plus ambitieuse et performante.

Voir aussi : *Leader, Risque.*

Analyse

Du grec *analusis* pour « décomposition ». Notez que la référence au processus *post-mortem* n'est pas neutre.

Approche intellectuelle souvent considérée comme scientifique, qui consiste à décomposer un tout pour en déterminer et étudier les parties constituantes, paradoxalement afin de mieux comprendre l'ensemble que l'on a détruit. Cette approche est au cœur des principes fondateurs de la révolution industrielle et de la science newtonienne.

Le résultat de l'approche analytique peut être déterminant dans l'adoption d'un cadre de référence restreint concernant l'influence des actions individuelles et d'entreprises.

Convaincus que tout est segmenté lorsque nous entreprenons une étude en nous reposant sur une approche analytique, nous pouvons entretenir l'illusion que nos actions sont personnelles, que nos économies sont locales, que nos pollutions sont régionales, que nos politiques sont nationales.

Cela est manifestement faux, et nous en avons de nombreuses preuves quotidiennes. Toutes nos actions participent activement à provoquer et entretenir des conséquences mesurables au niveau mondial. Si une approche analytique est souvent privilégiée par des experts, elle peut être quelquefois considérée comme performante dans des domaines clairement délimités. Une approche analytique peut toutefois rapidement s'avérer incongrue lorsqu'il s'agit de tirer des conclusions sur tout ce qui touche :

* d'une part, au monde du vivant ;

* et, d'autre part, à la réalité quotidienne qui, sous l'influence de ce que l'on appelle la « mondialisation », est manifestement de moins en moins segmentée.

Pour saisir le monde d'aujourd'hui, il est utile de savoir qu'à l'ère de l'information, la totalité de la planète est connectée par l'échange instantané d'informations. Par conséquent, toute étude d'un sujet, voire d'un objet, doit absolument tenir compte de ses interfaces pertinentes avec un environnement beaucoup plus large. Cela privilégie plutôt une approche systémique.

Voir aussi : *Expert, Mondialisation, Systémique.*

Apprentissage

De « prendre », comme avec ses mains. Façon d'apprendre un métier manuel ou technique qui repose surtout sur un savoir-faire, comme par exemple le coaching.

Attention

La pratique du métier de coach nécessite un apprentissage de comportements et de techniques de communication, beaucoup plus que l'acquisition d'un champ de connaissances.

L'apprentissage d'un métier se fait soit sur le terrain, soit au cours de situations de simulation qui seraient à même de reproduire fidèlement la réalité du métier. Pour bien apprendre le métier de coach, il est aussi nécessaire de roder sa pratique sur le type de terrain envisagé par le futur coach : coaching individuel, coaching d'équipe ou coaching d'organisation.

Par conséquent, une bonne formation au coaching repose sur plus de 85 % de travaux pratiques, et moins de 15 % de théorie.

Voir aussi : *Accompagnement, Erreur, Expérience, Expert, Formation.*

Architecture cachée

Terme proposé par Jean-François Noubel qui désigne la nature et la structure implicite de notre environnement physique, et sa façon d'influencer, voire de déterminer, les types de relations ou d'interactions humaines qui peuvent y avoir lieu.

● Une réunion de parents d'élèves tenue dans une salle où tous les sièges, voire tous les bancs sont disposés de façon à faire face au-devant de la scène où préside le directeur de l'école, flanqué du corps enseignant. Les interactions qui auront lieu dans cet environnement ne peuvent se produire que dans le sens prévu par la mise en scène, qui elle-même révèle la culture implicite du système enseignant, fondamentalement centralisateur et contrôlant.

● Une réunion autour d'une table ronde où chaque interlocuteur peut bien percevoir l'ensemble des autres participants et facilement interagir avec chacun d'entre eux.

Un coach est réputé accompagner le dialogue constructif de ses clients alors qu'ils sont centrés sur l'atteinte de leurs résultats. Pour ce faire, il crée un environnement positif d'apprentissage et de croissance. Par conséquent, un coach prête une attention toute particulière à l'influence implicite, positive ou négative, que pourrait avoir l'architecture cachée du lieu où se déroule la démarche de coaching.

De façon subtile, les positions des participants individuels au sein du collectif dans la salle où se déroule un coaching d'équipe ou d'organisation sont toujours très riches en enseignements. Quelques questions de coachs sur la place ou sur les positions relatives occupées par les individus dans une salle de réunion leur permettent souvent de réfléchir et d'échanger sur :

- les sens que ces positions relatives véhiculent ;
- et les influences qu'elles peuvent avoir sur les résultats de leurs interfaces professionnelles.

Voir aussi : *Constellation, Systémique.*

Argent

Comme dans le « rapport à l'argent ». Point faible personnel de nombreuses personnes spécialisées dans les métiers de la relation, qui devrait disparaître dans ceux qui, comme le coaching, sont centrés sur le développement des performances mesurables des clients.

Attention

Dans ce sens, il est important pour un coach de modéliser la réussite personnelle et professionnelle qu'il prétend faciliter auprès de ses clients.

Si l'accompagnement par le coaching est un moyen qui apporte une réelle valeur ajoutée au client, il mérite d'être perçu comme un investissement dont le coût apparent doit être mis en rapport avec les résultats mesurables escomptés par le client. Ainsi, un coaching efficace qui permet au client d'atteindre des objectifs ambitieux ne peut pas être cher lorsque le coût est comparé aux résultats conséquents. Par opposition, si le coaching ne rapporte rien au client, il lui est toujours trop cher, quel que soit son prix.

La réaction d'un client au tarif d'un coach peut révéler ce qu'il attend de sa démarche, en termes de résultats. Un client qui n'a pas d'ambition trouve toujours que le coach est trop cher. Un client qui atteint des résultats qui dépassent ses espérances trouve toujours que le jeu en vaut largement la chandelle. Par conséquent, il est souvent utile pour un coach de ne pas vendre un accompagnement de coaching, qui n'est qu'un moyen, mais plutôt de vendre, puis de faciliter, l'obtention d'une valeur ajoutée conséquente, obtenue par un résultat mesurable.

Voir aussi : *Finances, Masochisme, Moyens, Résultat, Valeur ajoutée.*

Aspiration

Le vide appelle le plein. Phénomène mécanique bien connu en navigation, par lequel une voile crée un vide relatif qui aspire ou tracte la matière environnante disponible. Par conséquent, c'est le phénomène d'aspiration qui fait avancer nos voiliers.

Le même vide dans une pompe permet d'aspirer l'eau issue de couches souterraines quelquefois très profondes. C'est ainsi que, par aspiration, la fonction première d'un vide est d'être comblé.

Il faut savoir que la démarche de coaching aussi repose sur différents principes d'aspiration. Le premier vide est tout d'abord l'envie, la motivation ou encore l'ambition qui est à l'origine de la démarche du client. À la manière d'un vide intérieur ou extérieur, ce qui revient au même, c'est bien souvent une aspiration profonde que chaque client individuel ou collectif cherche à combler avec l'accompagnement d'un coach.

Pour être efficace dans ce contexte, le coaching, également, se doit de fonctionner par aspiration, plutôt que par traction ou par propulsion. En effet, un coach est réputé ne pousser, ne tirer ni ne diriger son client. C'est plutôt par un maniement subtil d'environnements de croissance et de vides provoqués par des questions puissantes et enrobés de silences que le coach accompagne les aspirations de ses clients alors que ces derniers cheminent vers l'atteinte de leurs résultats.

Voir aussi : *Conspiration, Espace, Silence, Questions.*

Association professionnelle

Regroupement de professionnels tel un syndicat de métier qui a pour mission d'assurer le niveau qualitatif de sa pratique et de défendre les intérêts de ses membres. Pour des coachs et au niveau mondial, l'association principale est l'International Coach Federation. Elle regroupe plus de 15 000 adhérents. L'association française qui compte est la Société française de coaching ou SFCoach.

N'importe quel professionnel véritablement engagé dans son métier cherche à en assurer la défense, et souhaite le voir se développer de façon respectable et durable. Cela est vrai dans le monde du coaching. L'adhésion à une association professionnelle est une conséquence de cet engagement.

Par ailleurs, le métier de coach est souvent un métier de solitaire. Le risque d'arrêter son évolution professionnelle, voire de s'appauvrir par manque d'échanges avec d'autres professionnels du métier n'est pas négligeable. L'« appartenance à » et l'engagement actif au sein d'une ou deux associations sont recommandés pour se stimuler, se former et s'informer, et pour développer des réseaux actifs de partage avec des pairs.

Attention

La majorité des débutants dans un métier se posent la question de ce qu'une association peut leur apporter avant de vouloir y adhérer. C'est peut-être la question inverse qu'il faudrait se poser : « Que puis-je apporter à l'association à laquelle je souhaite adhérer, et comment puis-je servir le métier que je pratique et que j'aime ? »

Une association de professionnels d'un métier ne peut vivre que grâce à l'énergie que déploient des volontaires engagés qui la font vivre, souvent en offrant du temps et des services bénévoles. C'est grâce à cet engagement altruiste que les intérêts communs du collectif peuvent se développer.

Par conséquent, il faut savoir qu'une association professionnelle ne sert ni à faire le commercial de ceux qui ne savent pas se vendre ni à offrir une plate-forme de visibilité, voire de reconnaissance aux membres en manque d'attention ou d'affection. Les mandats d'administrateurs et les postes de responsabilité au sein d'une association doivent être tenus par des membres professionnels, compétents et reconnus dans le métier.

Attention

> *Il est utile de s'assurer que les administrateurs élus ne se retrouvent pas en situation de vivre des conflits d'intérêt entre leur qualité de mandataire et leur activité professionnelle.*

Malheureusement, trop peu d'attention est prêtée aux questions éthiques qui peuvent se poser aux personnes qui sont élues ou qui souhaitent se faire élire au sein des associations et syndicats professionnels.

Les membres d'une association professionnelle de coachs sont des coachs. Si un des administrateurs de cette organisation propose par ailleurs des formations pour coachs, il se peut que sa cible professionnelle et celle qu'il sert au sein de l'association à laquelle il est censé se consacrer, soient rigoureusement identiques, d'où la possibilité évidente de conflits d'intérêt.

Assurance

Confiance, aplomb, sentiment de sécurité. Principe financier selon lequel : « À défaut d'avoir un édredon, il est utile d'avoir une couverture. » Lorsqu'un coach débutant ou confirmé est installé à son propre compte, ce qui est le cas pour la grande majorité, il a besoin d'un minimum d'assurance existentielle, par conséquent une sécurité financière, pour bien pratiquer son métier. Or il faut savoir qu'en fonction de la notoriété d'un coach, de son marché environnant et d'autres critères conjoncturels, le métier ne permet que très rarement de gagner sa vie confortablement.

Attention

> *De nombreux débutants nourrissent l'illusion que le métier de coach est très rémunérateur. Comme toute profession d'artiste indépendant, s'il permet une relative autonomie, celle-ci est souvent précaire. À moins, bien entendu, de développer à la fois une compétence exceptionnelle et la notoriété qui l'accompagne.*

Ainsi, afin de pouvoir pratiquer leur profession avec la quiétude, la présence, la liberté et la disponibilité nécessaires à l'accompagnement de chaque client, la grande majorité des coachs exercent un ou même deux autres métiers pour des raisons alimentaires. Ceux-ci sont souvent leur métier d'origine : formateur, consultant, recruteur, conseiller, agent immobilier, avocat, comptable, etc.

Il est utile de se rappeler aussi qu'un coach est réputé accompagner ses clients vers une plus grande autonomie *et* réussite professionnelle. Dans ce cadre de référence, il sera plus congruent pour le coach de démontrer aux clients qu'il sait ce dont il s'agit pour l'avoir mis en œuvre dans sa propre vie personnelle et professionnelle.

Authenticité

Le coaching efficace est fondé sur une relation particulière. Celle-ci est le véhicule premier de l'accompagnement performant du client. Par conséquent, savoir créer, ou plutôt cocréer cette relation authentique et bénéfique est une des premières compétences du coach.

Bien entendu, si la relation de coaching dépend aussi de la capacité du client à communiquer avec le coach, ce dernier a la première responsabilité et la compétence de s'ouvrir et d'aspirer le client au sein de ce média particulier. Le qualificatif le plus souvent évoqué pour décrire la posture du coach est l'authenticité, mais, évidemment, cela ne suffit pas.

Ce qui peut être compris par ce mot peut inclure à la fois une capacité à accueillir inconditionnellement chaque client tel qu'il est, une capacité d'honnêteté et de transparence, un profond respect pour l'autre, une grande transparence et une spontanéité presque naïve, et une exigence patiente et altruiste souvent réservée à des amitiés profondes. Il est possible d'ajouter une fidélité à toute épreuve, une joyeuse facilité à fêter les succès du client comme une grande capacité à l'empathie, qui sait résister à la facilité de la sympathie. Cette gamme de qualités proches de celles du véritable ami ou encore du partenaire idéal n'est pas à la portée de chaque coach, au sein de toutes ses relations avec des clients aussi différents qu'ils peuvent être passagers. Le plus paradoxal, c'est que l'ensemble de ces qualités professionnelles est affiché par le coach avec authenticité, c'est-à-dire alors qu'il est naturellement et profondément lui-même.

Par conséquent, le coaching offre aux professionnels du métier de nombreuses occasions d'ajuster et de réajuster inlassablement leur posture personnelle afin de peaufiner l'outil principal de leur pratique, leur propre personnalité, en se rappelant que jamais on n'arrive à la perfection.

Voir aussi : *Empathie, Imposture, Posture.*

Autonomie

État virtuel et destination rêvée de presque tous les systèmes vivants. Cette contrée est située toute proche de la République d'Utopie, à deux pas du paradis sur terre. La notion d'autonomie est aussi paradoxale que peut l'être le concept de responsabilité. Ainsi :

- rien ne sert de courir après son autonomie comme certains courent après leur temps, car il suffit, là aussi, de savoir la saisir à temps ;
- rien ne sert de revendiquer son autonomie, comme certains revendiquent le droit à la santé, puisqu'on l'a déjà, sauf, bien entendu, si on lui court après ou si on la revendique auprès d'autrui.

Il faut savoir que l'autonomie est une donnée innée et gratuite que l'on peut assumer ou pas, et quelquefois que l'on perd lorsque l'on s'égare. Si l'autonomie est souvent demandée, voire revendiquée auprès d'autrui, elle ne se donne pas, sauf en cas de flagrant délit de subordination.

L'autonomie ne doit pas être confondue avec le statut d'indépendant. Dans la réalité quotidienne, ce dernier n'est bien souvent qu'une forme juridique professionnelle aussi paradoxalement bardée de nombreuses contraintes comme de relations de subordination.

Il appartient au coach et à son client de faire la part des choses entre une réelle démarche d'autonomie et les subtiles stratégies de revendication plus caractéristiques de relations de dépendance, de manipulation et de passivité. La pratique professionnelle du coaching repose plutôt sur une attitude respectueuse qui, d'office, considère le client comme une personne responsable, autonome, tout à fait capable de découvrir ses propres solutions et de se développer dans les dimensions qui lui conviennent.

Voir aussi : *Délégation, Passivité.*

Autorité

Mot fréquemment utilisé dans sa connotation négative de domination excessive ou d'autoritarisme proche de l'abus de pouvoir, souvent caractéristique d'un contexte totalitaire. Les expressions « faire autorité » ou « être une autorité » rappellent cependant que la racine étymologique du mot vient d'« auteur », proche de la lettre et de l'esprit contractuel. Cette subtilité peut servir à différencier le concept d'autorité des nombreuses relations de pouvoir qui peuvent prendre de multiples autres formes, comme :

- le pouvoir de séduction ;
- le pouvoir d'influence ;
- le pouvoir de compétence ou d'expertise ;
- le pouvoir de l'action, comme pour le fait accompli ;
- le pouvoir juridique ;
- etc.

Dans son sens positif, le concept d'« autorité » correspond à l'influence d'un leader qui inspire le respect et dont l'ascendant repose sur sa crédibilité liée à sa connaissance, à son charisme, à sa réputation ou encore à son prestige.

Bien entendu, en coaching, c'est toujours le client qui est réputé faire autorité sur sa démarche, c'est-à-dire sur sa vie, sur ses problèmes, sur ses ambitions, sur ses solutions, sur ses motivations, etc.

Voir aussi : *Pouvoir, Puissance.*

B

Bienveillance

La bienveillance est proche de l'altruisme lorsqu'une personne a comme objectif prioritaire le bien-être de l'autre au sein d'une relation ou d'une communication. Lorsqu'il s'agit de coaching, il s'agit bien souvent de bienveillance. Souvenons-nous par ailleurs que la bienveillance est par tradition plutôt une « *disposition favorable envers une personne inférieure*[1] ». Le terme est aussi quelquefois proche de « bonté », voire d'« indulgence », peut-être de « condescendance ».

Dans le monde de la communication, du développement personnel et de l'accompagnement professionnel comme parfois en coaching, la bienveillance consiste à savoir être respectueux ou à mettre les formes quand on propose à autrui des axes de développement ou des options concrètes d'amélioration.

Attention

> *Dans ces milieux, le fait de revendiquer de la bienveillance de la part d'autrui est quelquefois un leitmotiv pratiqué par les personnes qui ne savent pas encore en donner, ou qui ont tout simplement du mal à recevoir les options de développement qui leur sont offertes.*

---

1. Petit Robert.

Ainsi la bienveillance, ce peut être ce que nous accusons l'autre de ne pas pratiquer, en adoptant une attitude de victime justifiée, quand on ne sait pas recevoir le cadeau qu'il nous offre.

Voir aussi : *Feed-back, Triangle dramatique.*

Binaire

Vision du monde relativement limitée qui repose sur la perception simpliste que l'univers peut être réduit à deux entités en polarité ou en opposition, entre lesquelles il est absolument nécessaire de choisir : soit le bien soit le mal, soit oui soit non, soit blanc soit noir, soit zéro soit un, etc.

En coaching, de nombreux clients peuvent présenter des situations bloquées ou se poser des choix apparemment sans solutions qui s'inscrivent au sein d'un cadre de référence binaire présenté sous la forme d'un « soit/soit » ou d'un « ou/ou ».

La stratégie de coaching consiste à poser une question qui permettra au client d'élargir son cadre de référence et de percevoir sa situation de façon plus ouverte, offrant de nombreuses autres options. Pour commencer, une situation présentée en alternative « soit/soit » peut aussi tout de suite présenter les options complémentaires « ni/ni » et « et/et ». Bien entendu, ces options évidentes en cachent d'autres, beaucoup plus riches.

Question (de coach) : « Si, plutôt que de percevoir ton problème en noir ou blanc tu envisageais de le percevoir en Technicolor, quelle serait la gamme d'options que tu pourrais envisager ? »

Voir aussi : *Polarité.*

Bouc émissaire

Fausse barbe. Messager relativement neutre, perçu comme responsable du contenu du courrier envoyé par un ou plusieurs autres. Un bouc émissaire est une personne ou un groupe désigné comme source de problèmes, alors que l'on peut être sûr et certain que le vrai problème réside ailleurs, souvent dans son entourage immédiat.

- S'attendre à ce que celui qui pose un problème au sein d'une équipe soit celui qui doit le résoudre, alors que c'est au sein du collectif que résident la véritable responsabilité de la solution et la capacité à la mettre en œuvre.

- Désigner des vendeurs comme la cible d'un besoin de formation à la relation client alors que le vrai problème se situe plutôt chez les chefs de vente dans leur relation avec ces mêmes vendeurs.

- Demander à la DRH de prescrire une démarche de coaching au bénéfice d'un manager décrit comme incompétent, alors que c'est plutôt à son patron réticent qu'il faudrait proposer la démarche d'accompagnement professionnel.

En coaching comme dans beaucoup de relations d'aide, un bouc émissaire est une personne ou un ensemble, telle une famille ou une équipe, qui serait désignée par son environnement immédiat comme un client potentiel pour effectuer une démarche de coaching, alors que, bien souvent, elle n'a rien demandé et n'en perçoit pas la nécessité.

En coaching, de même qu'avec d'autres approches comme la formation ou le conseil, le concept de contrat triangulaire issu de l'analyse transactionnelle permet de saisir une petite part de la complexité des relations avec des clients dont la démarche serait prescrite par des tiers. La stratégie privilégiée des coachs systémiques consiste souvent à préalablement tenter de clarifier la situation pour le client désigné :

- d'une part, en traduisant la demande initiale, souvent bardée de jugements de valeur, en termes d'objectifs clairs, raisonnables, atteignables et mesurables ;
- d'autre part, en précisant de façon contractuelle toutes les aides et actions de soutien que chacun des acteurs pertinents au sein de l'environnement immédiat du bénéficiaire désigné pourra lui fournir afin d'assurer sa réussite.

Cet art de la clarification du contrat triangulaire consiste à subtilement rendre à César ce qui lui appartient, et fait partie intégrante des compétences essentielles du coach professionnel.

Voir aussi : *Indicateur, Symptôme.*

Breakthrough

Mot anglais qui sert à désigner une « percée », comme dans le cas d'une percée technologique ou d'une innovation exceptionnelle par son approche créative. En coaching, une démarche de *breakthrough* est une aventure consciente, volontaire et innovante qui consiste à aider un client individuel ou collectif à complètement changer son cadre de référence afin de se créer une nouvelle réalité plus résolutoire. Typiquement, cela lui permet :

- de resituer une ambition au sein d'un nouveau contexte à la fois opérationnel et pratique ;
- ou de résoudre *autrement* un problème dont il ne percevait pas d'issue satisfaisante.

Le coaching est réputé être une approche centrée sur le développement de performances exceptionnelles. Par conséquent, le coaching *est* tout naturellement une démarche de *breakthrough*, laquelle permet au client de formuler puis d'atteindre un objectif préalablement perçu comme inatteignable, pour se surpasser.

Mises en œuvre au sein d'entreprises afin de radicalement augmenter les ventes, d'améliorer la qualité, de réduire les délais ou de faire bondir les résultats financiers, il existe depuis longtemps déjà plusieurs stratégies et méthodologies pour accompagner des démarches de *breakthrough*.

L'approche BBZ ou « budget base zéro ».

En coaching, une démarche de *breakthrough* sert à accompagner des personnes, des équipes et des organisations dans la définition et la réalisation de nouvelles ambitions quantitatives et qualitatives précédemment perçues comme inatteignables ou irréalistes. Par conséquent, nous le répétons, une démarche de *breakthrough est par définition* une démarche de coaching.

Voir aussi : *Risque, Zéro, Leader.*

Bruit

Au sein d'organisations relativement technocratiques, qui privilégient des approches d'experts et de spécialistes, le bruit est une surcharge de communications informatives, contextuelles, surdétaillées, argumentatives, mal ciblées et souvent excessivement analytiques.

« Trop d'informations tue l'information. »

Au sein de ce type d'entreprise, une part importante de l'information superflue synonyme de bruit est généralement diffusée par « PowerPoint » auprès d'un public beaucoup trop large au cours de réunions en cascade, et par de nombreux e-mails inlassablement et sans discernement mis en copie à de trop nombreux destinataires.

Cet excès de communication transforme celle-ci en un bruit chaotique, qui réussit à noyer la petite part vraiment utile d'information au sein d'une cacophonie indifférenciée. En matière de communication, il est utile de se rappeler que, comme en musique, une bonne information est surtout composée de silences judicieusement interrompus.

Attention

En entreprise, il est communément admis que l'information sert à préparer des décisions et à suivre leur bonne application.

Lorsqu'un ethnologue observe le fonctionnement de nombreuses organisations, il peut toutefois souvent remarquer que le bruit sert d'abord à éviter de décider, et donc à repousser le plus tard possible le moment fatidique de passer à l'acte. Au sein de ces mêmes entreprises, si d'aventure une décision est prise, le bruit sert ensuite à s'assurer qu'elle est mal comprise, puis qu'elle est mise en œuvre dans la plus grande confusion.

Au sein de ses équipes et entreprises clientes, le travail d'un coach peut permettre de limiter les discussions stériles par la modélisation de l'écoute et du silence centrés sur le développement d'un dialogue constructif. Les commentaires et questionnements du coach permettent aussi au client individuel ou collectif de développer une capacité de discernement qui sépare l'information utile du bruit ambiant beaucoup moins pertinent.

Voir aussi : *Analyse, Décision, Écoute, Expert.*

Budget

À noter qu'en anglais, le mot veut aussi dire « pas cher ». Ou comment penser et dépenser petit. Un budget est une allocation financière qui sert à limiter les dépenses, voire les investissements de l'année à venir, avec un encadrement élaboré à partir d'une évaluation généralement conservatrice des recettes prévisibles. Par conséquent, au sein de beaucoup d'entreprises, la période budgétaire est un rituel annuel qui consiste à prévoir les recettes et dépenses de l'année suivante en se reposant sur les prévisions de l'année en cours, et en s'éclairant avec les résultats des années précédentes. L'objectif souhaitable dans cette démarche est souvent de faire à la fois mieux et moins cher.

Si le principe semble logique, il repose quand même sur la croyance dominante que, dans les grandes lignes, les années se suivent et se ressemblent. Il renforce donc un cadre de référence historique qui consiste à reproduire les stratégies de réussite du passé pour mettre en œuvre les mêmes actions et pour atteindre les mêmes résultats.

Même si l'on évalue toujours la puissance d'une automobile moderne en chevaux, une voiture n'est pas le produit de l'amélioration progressive, bon an mal an, d'une diligence tractée par des animaux.

Même si cette démarche prétend déployer quelques efforts supplémentaires afin de faire demain un peu mieux, sinon la même chose, qu'hier mais en moins cher, elle est relativement conservatrice.

Attention

Il est utile de se rappeler qu'une amélioration de 5 % par an reproduite sur dix ou vingt ans est la meilleure façon de devenir complètement obsolète sur n'importe quel marché.

Malheureusement pour cette stratégie conventionnelle, il faut aussi se rappeler que dans un contexte de mondialisation les transformations s'accélèrent. Les évolutions qui, autrefois, prenaient des siècles, ne prennent aujourd'hui que quelques mois. De nouveaux produits inimaginables hier sont en développement aujourd'hui, et vont se retrouver demain sur le marché de la concurrence. Force est de constater que si les années se suivent, elles se ressemblent de moins en moins.

Une approche de coaching est tout particulièrement recommandée pour accompagner les équipes et organisations qui souhaitent se libérer du poids de leur histoire et de leurs habitudes budgétaires pour envisager leur avenir de façon plus créative. En effet, le coaching est réputé permettre l'obtention de résultats beaucoup plus performants. Ceux-ci peuvent largement dépasser la simple amélioration opérationnelle obtenue en œuvrant au sein d'un cadre de référence de réussite historique.

« Si l'on fait toujours ce que l'on a toujours fait, on obtient toujours ce que l'on a toujours eu. »

C

Certification

Validation professionnelle, comme dans la certification de praticiens au sein d'un métier, par exemple celui de coach. Une certification éthique est réputée délivrée par une instance neutre, ni liée, ni affiliée, ni subordonnée, etc., à une organisation enseignante. Comme le stipule le dicton, il faut s'assurer que : « Les juges ne sont pas partie prenante. »

Les permis de conduire ne sont ni délivrés par les écoles de conduite ni par les enseignants.

Un véritable processus de certification de coachs professionnels valide des candidats originaires de nombreuses écoles différentes qui existent en concurrence sur le même marché.

Attention

Ainsi, dans le monde du coaching, il faut se méfier de toutes les « formations certifiantes ».

Une certification professionnelle repose sur l'évaluation de critères de compétences précis et démontrés (savoir-faire) par un candidat. Elle ne repose pas sur une dynamique de cooptation relationnelle à la manière d'une inclusion au sein d'un club exclusif.

Une certification professionnelle est menée par un jury de professionnels déjà reconnus, eux-mêmes certifiés et formés au processus de certification, et non par des évaluateurs occasionnels ni par des pairs.

Une certification professionnelle exigeante recale un nombre conséquent de candidats, leur proposant des recommandations précises qui leur permettront de repasser leur certification avec succès par la suite. Un processus qui valide systématiquement plus de 75 % des candidats ressemble plus à un rite de passage social qu'à un processus de certification professionnelle.

Ces quelques exemples illustrent un certain nombre de dérives de la pratique de certification de coachs qui donnent quelquefois aux organismes de formation au métier une réputation d'amateurs ou d'imposteurs. Il est fortement recommandé de n'accorder de valeur qu'aux certifications de coachs délivrées par des organismes professionnels nationaux ou internationaux, reconnus par tous les professionnels du métier.

Voir aussi : *International Coach Federation, SFCoach.*

Circularité

Fluidité. Se réfère à la circulation et non à un cercle. Notion systémique qui fait référence à la circulation mesurable de l'énergie interactive au sein d'un système fluide.

Au sein d'une équipe ou d'un réseau routier, une circularité positive performante indique l'absence de bouchons, de blocages, de stases ou de congestions. L'efficacité de circulation assure les résultats.

Par conséquent, la circularité positive au sein d'une équipe ou d'une organisation met en évidence une facilité au mouvement fluide, réactif, créatif, intelligent et centré sur l'obtention de résultats rapides. Une bonne circularité au sein d'un système signifie qu'il n'est ni trop rigide ni trop contrôlant.

Une circularité « négative », ou non performante est synonyme de chaos et indique un manque de modes opératoires partagés, une perte de l'objectif commun et un déficit de résultats, donc un certain manque de maturité du système. Ce phénomène d'inefficacité collective se mesure généralement à la quantité de frustrations, voire de colère ressentie au sein du système.

• Entre tous les membres d'une équipe, sans exception, une circularité positive correspond à un processus de partage rapide et continu de pouvoirs, de ressources, d'informations, de responsabilités, de puissance, de territoire, d'énergie, etc., résolument centré sur la mise en œuvre d'actions pertinentes en vue d'obtenir les résultats escomptés.

• Une circularité négative peut correspondre au rituel classique de « brainstorming » délirant qui dérape rapidement en match argumentatif avec pour résultat final la mise en œuvre d'une trop grande quantité d'actions redondantes et désordonnées, généralement peu suivies dans le temps.

Ainsi, la circularité positive est par excellence un indicateur de l'existence d'une transversalité coresponsable au sein d'un réseau performant. Plus ce type de circularité ou de fluidité est élevé au sein d'un système, plus il permet de capitaliser sur la valeur ajoutée potentiellement issue de ses interfaces opérationnelles.

Le premier travail d'un coach d'équipe ou d'organisation sert à accompagner le développement d'une circularité positive et naturelle entre toutes les parties du système. Ce travail sur la mise en œuvre d'un processus de collaboration transversale à la fois souple et efficace permet à l'équipe ou au système plus large de réellement se centrer sur ses objectifs de performance.

Voir aussi : *Confusion, Polarité.*

Coaching d'équipe

La pratique du coaching d'équipe repose essentiellement sur les mêmes attitudes et compétences (comportements professionnels) de coach que le coaching individuel. La seule différence, c'est que le coach est centré sur le développement de l'entité collective plutôt que sur le développement de ses membres. C'est l'équipe ou l'organisation qui est perçue, abordée et traitée comme la cliente et qui reste au centre de la démarche.

Attention

Le coaching de l'évolution de chacun des membres d'une équipe pris individuellement ne provoque que très rarement l'évolution du système auquel ils appartiennent. À l'inverse, lorsque l'on accompagne l'évolution d'un système telle une équipe, ce travail facilite, voire provoque presque automatiquement l'évolution de chacune des personnes qui le composent.

Les processus collectifs sont plus puissants. C'est en cela que le coaching d'équipe et d'organisation permet de bien meilleurs résultats collectifs. Lorsque ces ensembles sont transformés, tous les membres du système doivent s'adapter pour suivre cette évolution. L'inverse n'est pas vrai : si chacun des composants d'un système est individuellement modifié, cela n'implique en rien la modification du système auquel ils appartiennent.

Par conséquent, un bon coaching d'équipe démarre, se déroule et se termine dans une relation comprenant le coach et l'*ensemble* de l'équipe cliente. Pour être réellement efficace, c'est avec l'équipe *au complet* que le coach établit un contrat d'accompagnement, clarifie la motivation collective, développe de nouvelles perspectives, précise les ambitions, met en place des accords successifs centrés sur l'obtention de résultats, élabore des plans d'action opérationnels, etc. De fait, la présence de tous les membres d'un système lors d'un travail de coaching d'équipe permet de modifier les interfaces entre ces membres, et c'est cela qui facilite l'évolution de l'ensemble.

Ainsi donc, s'il est utile de rencontrer préalablement le responsable d'une équipe ou le patron d'une organisation afin d'effectuer une démarche de coaching de ces ensembles, le véritable travail de développement du système doit se faire avec la participation active de tous ses membres pertinents.

Attention

De nombreux consultants pensent faire du coaching d'équipe lorsqu'ils animent eux-mêmes le travail d'une équipe, par exemple lors de réunions opérationnelles, lors d'animations d'exercices de team-building ou de cohésion d'équipe.

Ce type d'intervention menée par un expert et souvent centrée sur l'amélioration des processus ou des relations au sein de la dynamique d'une équipe consiste à la guider ou à la former, plutôt que de l'accompagner. Pendant une bonne partie de l'accompagnement, le consultant ou le formateur reste en position centrale. Il anime.

Lors d'un véritable coaching d'équipe, c'est l'équipe qui chemine de façon autonome en développant sa propre expertise et en progressant sur sa propre trajectoire. Le coach reste en périphérie de l'équipe, et la laisse manager le travail sur ses propres processus, comme celui centré sur son contenu. Il accompagne ce travail délégué à l'équipe.

Question : « Pourquoi le coaching individuel est-il si répandu dans le monde des organisations alors que, par définition, une organisation devrait être plutôt concernée par le développement de sa performance collective ? »

En effet, tout se passe en entreprise comme si des équipes de basket, de rugby et de foot ne faisaient appel qu'à des coachs individuels pour assurer le développement de chacun de leurs membres. Sur le marché, il est intéressant de constater qu'il y a beaucoup plus de coachs centrés sur l'accompagnement individuel que sur l'accompagnement d'équipe, voire d'entreprise. Ce travail individuel serait-il plus facile ? En quoi ces coachs aident-ils les systèmes à évoluer ?

Les organisations clientes aussi semblent beaucoup plus intéressées par le coaching individuel, plutôt que de se confronter à leurs difficultés systémiques et chercher à développer leurs potentiels collectifs. Pourquoi une telle énergie est-elle dépensée sur des clients individuels, alors qu'une entreprise est surtout un ensemble systémique dont la qualité des interfaces collectives assure les résultats de performance ? Serions-nous témoins d'une belle stratégie d'évitement ?

Voir aussi : *Accompagnement, Bouc émissaire, Cohésion d'équipe, Délégation, Passivité, Team-building.*

Coach

Professionnel de l'accompagnement de personnes, d'équipes ou d'organisations qui se veut résolument centré sur le développement de leurs performances mesurables. Ne pas confondre avec d'autres professions proches, tels l'instruction, le conseil, la formation ou la relation d'aide. Ne pas confondre non plus avec des démarches relationnelles, peu quantifiables ou centrées sur l'augmentation du confort personnel et collectif comme pour « mieux se sentir », « mieux s'entendre », « mieux se connaître », etc. Pour proposer des définitions plus originales, un coach est un « provocateur de succès », un « agitateur de performances » ou encore un « booster de réussite ».

Le coaching est issu du monde du sport, voire de la haute compétition, comme lorsqu'un athlète exigeant envers lui-même souhaite se poser des questions relatives aux moyens personnels ou aux ressources internes et externes qu'il doit mobiliser et mettre en œuvre pour augmenter la performance mesurable dans son champ d'expertise.

L'art du coach consiste à accompagner le développement de la performance de son client, sans jamais se mettre sur la trajectoire de sa raquette ni de sa balle. Son approche peut le différencier du métier d'entraîneur, plutôt compétent dans l'enseignement ou dans l'apport et le rodage de contenus et de méthodologies dont l'efficacité est déjà reconnue par tous.

Il est à souligner que si des connaissances théoriques variées dans des domaines – tels que l'analyse transactionnelle, la programmation neurolinguistique, la psychologie, la finance, la médecine, l'approche systémique – et/ou une expérience professionnelle dans différents métiers proches – tels que le conseil, la formation, la thérapie, le développement personnel, le management, la vente, etc. – seront toujours utiles pour exercer le métier de coach avec compétence, sa pratique s'inscrit au sein d'un cadre de référence fondamentalement original avec une panoplie d'outils spécifiques reposant sur l'accompagnement productif du dialogue du client résolument centré sur ses résultats.

Pour devenir coach, il est recommandé :

• de se former à cette profession au sein d'un organisme de formation dont la pertinence est certifiée par des organismes professionnels neutres (et pas autocertifiée) ;

• de passer un examen de certification ailleurs qu'au sein de l'école en question, afin de s'assurer que les examinateurs ne sont pas juges et partie prenante ;

• d'adhérer à au moins une organisation professionnelle de coachs ;

• de superviser sa pratique professionnelle au sein d'une relation prévue à cet effet avec un professionnel reconnu ;

• et enfin d'obtenir la reconnaissance du marché réel, autre que celle de coachs ou de futurs coachs, c'est-à-dire celle de nombreux clients.

Voir aussi : *Association professionnelle, Certification, Compétences.*

Cohésion d'équipe

Type d'intervention d'accompagnement d'équipe, très répandu en France et qui serait l'équivalent du team-building, plus courant dans le monde anglo-saxon. Aujourd'hui, de nombreuses personnes ne font pas tellement de différence entre le team-building, la cohésion d'équipe et le coaching d'équipe.

Attention

> *Les apparences sont trompeuses. Les présupposés culturels sur lesquels reposent la cohésion d'équipe, le team-building et le coaching d'équipe sont totalement différents.*

Le cadre de référence d'une cohésion d'équipe repose sur le principe que pour avoir de bons résultats opérationnels au sein d'une équipe, il faut d'abord que les relations entre ses membres soient suffisamment bonnes. Par conséquent selon ce principe, s'il existe des problèmes interpersonnels au sein d'un système professionnel, il faut d'abord les résoudre avant de pouvoir espérer que ce système se centre sur ses objectifs opérationnels de façon plus efficace.

Or ce parti pris peut s'avérer relativement faux si l'on observe des équipes sportives. Il est possible de constater, en effet, que lorsque des équipes sont gagnantes, tous les problèmes relationnels disparaissent « comme par magie ». Ce n'est qu'au sein d'équipes perdantes ou médiocres que les démotivations, jalousies et autres problèmes relationnels apparaissent, puis deviennent incontournables.

Il est possible d'envisager que les mauvaises relations soient un *résultat* plutôt que la *cause* du manque de performance. Ainsi, il est possible d'imaginer que pour faire disparaître des problèmes de mésentente au sein d'un système professionnel, il suffise tout simplement de l'aider à devenir plus performant. Un contexte de bonnes relations n'est pas un prérequis pour qu'une équipe soit performante, mais la performance d'équipe est un prérequis pour y développer de bonnes relations.

Ce cadre de référence est primordial dans la mise en œuvre de coachings d'équipes qui sont d'abord et surtout centrées sur le développement de résultats de performance. Les bonnes relations entre les membres suivent, de façon naturelle.

Voir aussi : *Coaching d'équipe, Team-building.*

Coïncidence

Incidents qui manifestent une correspondance. Même si l'on peut croire qu'il s'agit souvent d'un synonyme de « hasard », phénomène qui n'existe pas, on ne le répétera jamais assez, la coïncidence concerne plutôt la manifestation d'incidents qui ne sont distincts que dans leur causalité apparente.

Si une coïncidence concerne des événements qui manifestent une forte correspondance ou une corrélation pertinente dans le sens plus ou moins profond qu'on leur attribue, il peut alors s'agir de synchronicité. Par conséquent, « coïncidence » est un terme beaucoup plus proche de cette notion de synchronicité si chère à C. G. Jung.

Il est aussi utile de savoir que les sciences exactes telle la mécanique quantique utilisent le terme de coïncidence pour remplacer le concept de causalité linéaire, qui lie une cause à un effet. Elles nous proposent plutôt d'adopter un cadre de référence reposant sur une causalité circulaire pour mieux percevoir et expliquer notre réalité quotidienne.

Je pense, donc je suis, donc je pense, donc je suis, donc... En fait, les deux coïncident ou sont en causalité circulaire. Ainsi, et de façon générale, il vaut mieux remplacer le mot « donc » par « et » : « Je pense et je suis. »

Dans la réalité quotidienne du coach individuel ou d'équipe, la perception des coïncidences au sein d'un contexte de causalité circulaire est une carte de lecture résolument systémique. Lorsque cette approche est adoptée par un client, elle lui permet souvent d'envisager de nouvelles perspectives.

Au sein d'une équipe, une approche qui s'appuie sur une perception de causalité circulaire permet d'entrevoir que la responsabilité des inefficacités collectives repose sur l'ensemble de ses membres. La recherche de l'origine d'un problème est donc relativement stérile, chaque cause étant un effet, et vice versa. Il est beaucoup plus efficace de considérer un problème au sein d'un système sous l'angle de la recherche de sa solution collective.

Voir aussi : *Circularité, Hasard, Systémique.*

Compétences

Le coaching est une approche qui affirme accompagner les clients dans la définition de leurs propres ambitions et dans la recherche de leurs propres solutions. Pour effectuer cet accompagnement, les compétences d'un coach reposent totalement sur les connaissances et l'expertise du client dans l'univers qui lui est spécifique et personnel. En somme, si le coach n'apporte pas de réponses au client, c'est qu'il considère que ce dernier est le principal expert dans son propre domaine.

Le coach d'un entrepreneur n'est pas meilleur que son client dans son domaine. Sinon, il serait à sa place.

Ainsi, la pratique du métier de coach ne repose pas sur des connaissances théoriques ou pratiques ni sur l'éventuelle expertise du coach dans divers domaines précis. Elle repose sur le déploiement de compétences d'accompagnement spécifiques qui sont à même d'aider le client à découvrir et développer ses propres stratégies et des solutions personnelles et originales. Par conséquent, la même panoplie de compétences d'accompagnement d'un coach s'applique à tous ses clients, quels que soient les domaines concernés.

Cela fait du coaching un nouveau type de métamétier, qui peut s'appliquer de façon indifférenciée à tous les autres métiers, voire à toutes les activités de l'homme.

Attention

> *Il ne peut exister de spécialités dans le coaching. Le coaching, dans un contexte privé ou en entreprise, de transitions de vie ou d'équipe, de commerciaux ou d'adolescents, interculturel ou de couple, de politiques ou de sportifs est toujours le même coaching. Les mêmes compétences d'accompagnement sont pratiquées par les coachs dans tous ces domaines de façon pratiquement indifférenciée.*

Au risque de se répéter, le coaching est un métier qui repose sur des compétences spécifiques ou un savoir-faire et un savoir-être au sein d'une relation d'accompagnement, beaucoup plus que sur des connaissances, une expertise ou un savoir spécifiquement adaptés aux préoccupations des clients. Il est utile de préciser quelles sont les compétences spécifiques au métier de coach. L'International Coach

Federation en compte un certain nombre telles, par exemple, les capacités :

- à co-établir un accord de coaching avec le client ;
- à codévelopper une relation de confiance et d'intimité ;
- à être entièrement présent pour le client ;
- à savoir écouter le client et lui poser des questions judicieuses et puissantes ;
- à aider le client à élargir son cadre de référence et à faciliter sa prise de conscience ;
- à communiquer de façon directe ;
- à coconcevoir des actions pratiques d'application sur le terrain ;
- à coplanifier ces actions, et à aider le client à assurer leur suivi jusqu'à leur réussite.

Pour devenir coach, il est primordial d'apprendre à mettre en œuvre ces compétences de façon naturelle et judicieuse. Cela nécessite un apprentissage pratique qui prend souvent la forme d'un rodage systématique de nouvelles habitudes comportementales.

Voir aussi : *Autorité, Naturel.*

Compétition

Du latin *competitio*, qui veut dire « pétitionner ensemble », comme entre des partenaires ou collègues qui ont des intérêts communs ou qui œuvrent vers un même objectif ou un même résultat. Par conséquent, il est utile de se rappeler qu'une véritable compétition n'est pas centrée contre un adversaire, mais surtout vers l'atteinte d'un objectif similaire ou d'un résultat commun. Et puis que le meilleur gagne.

Voir aussi : *Concurrence.*

Concurrence

Du latin, pour *concurrens* : « courir ensemble ». Le contexte étymologique du mot est, paraît-il, issu de l'observation des Grecs, qui remarquèrent qu'un athlète courait beaucoup plus vite s'il courait à côté d'un concurrent que s'il courait tout seul. Il vaut mieux avoir une bonne concurrence et la respecter lorsque l'on souhaite continuer à progresser, voire si l'on veut réellement se dépasser.

Attention

> *Certains ont l'illusion d'être dans une dynamique de gagnant lorsqu'ils s'arrangent pour éliminer leur concurrence avec des stratégies de monopole ou d'oligopole. Pire, certains passent le plus clair de leur temps à saboter la réussite de leurs concurrents.*

À moyen terme, ces tentations de contrôler le marché ou de limiter la concurrence sont la meilleure façon de préparer sa propre perte. Le monde des vrais sportifs de la vie quotidienne et particulièrement celui du coaching proposent un cadre de référence bien plus noble reposant sur une concurrence bien plus saine.

Attention

> *Il est à remarquer que les organisations qui passent leur temps et dépensent leur énergie à développer des dynamiques négatives de compétition contre des concurrents sur le marché finissent par pratiquer leurs comportements négatifs à l'intérieur même de leur entreprise. Il en résulte la mise en œuvre de conflits et autres stratégies destructrices de valeur entre des personnes et entre leurs départements.*

Le coaching d'équipe et d'organisation accompagne la mise en œuvre d'interfaces professionnelles constructives qui permettent aux clients d'œuvrer ensemble afin de tendre vers l'atteinte d'objectifs communs.

Confidentialité

Savoir tenir sa langue, ou encore savoir ne pas faire l'intéressant en partageant avec un public plus large des informations issues d'une relation privilégiée avec une personne ou un système formel. La confidentialité est un indicateur d'engagement envers une personne ou d'appartenance à un groupe ou à un système formel. Elle représente une règle du jeu de plus en plus difficile à tenir dans un environnement où la mobilité croissante et le manque de frontières formelles font que la fidélité à long terme s'amenuise.

Il est entendu qu'une personne ou un système partagera plus volontiers et spontanément des informations vitales avec des personnes et systèmes proches (ou moins proches afin de les intéresser), et beaucoup moins avec des étrangers (ou des personnes ou systèmes sans intérêt).

Le partage d'informations vitales avec des étrangers peut être passible de peine de mort pour espionnage en temps de guerre, ou de prison pour délit d'initié, en temps de paix.

Il est aussi entendu que la règle de confidentialité s'applique aux métiers de coach, de consultant, de médecin, et à toute personne impliquée au sein d'un système dont les informations vitales ne doivent pas être divulguées dans l'environnement, et à plus forte raison auprès de la concurrence.

Voir aussi : *Déontologie.*

Conflit

Il existe plusieurs façons de percevoir un conflit :

- la plus courante est de le considérer comme indésirable et de tout faire pour l'arrêter ;

- il est aussi possible de le percevoir comme une première étape de recherche de solution pour sortir d'une situation bloquée. En effet, lorsqu'un conflit est « larvé », personne n'y prête attention. S'il est ignoré, il peut devenir d'autant plus dangereux ;

- comme une recherche d'attention, voire un appel à l'aide par une ou plusieurs personnes au sein d'un environnement abandonné à lui-même ;

- comme un accord inconscient entre deux protagonistes pour occuper la scène et être le centre d'intérêt ;

- comme une possibilité de ralentir une évolution naissante au sein d'un environnement qui pourrait envisager un changement ;

- comme une action qui sert à faire diversion pour attirer l'attention loin d'un vrai problème ;

- comme une occupation régulière, mais contrôlée, qui, telle une soupape, empêche l'apparition d'un vrai problème.

Il est toujours intéressant pour un coach de se poser la question de l'utilité systémique d'un conflit avant de s'engager à accompagner un client pour l'aider à le résoudre. En effet, certains problèmes apparents peuvent en fait être des passe-temps, voire des solutions.

Voir aussi : *Bouc émissaire, Symptôme.*

Confrontation

Proche de la notion d'affrontement, qui évoque aussi la relation « de front à front » comme lors d'une prise de bec entre deux personnes. Plus concrètement, une confrontation est souvent illustrative de la relation frontale entre deux béliers dont les directions s'opposent.

Dans les métiers de la communication, la confrontation est une démarche spécifique, voire une procédure très précise. D'une façon générale, c'est l'art de communiquer à autrui la perception d'une incohérence entre ses paroles et ses actes, ou plus particulièrement de son non-respect d'un contrat explicite ou tacite dont on attend la mise en œuvre ou les résultats.

Une personne parle à son équipe de l'importance de tenir les délais, alors qu'à titre personnel, elle-même n'est jamais à l'heure.

Pour mémoire, la procédure qui témoigne d'une confrontation efficace est réputée comprendre les étapes suivantes :

* commencer par une demande d'accord de confrontation auprès de la personne ou du groupe concerné ;

* suite à l'accord donné par la personne confrontée, l'initiateur effectue un rappel du contrat explicite ou tacite perçu comme non respecté. Ce rappel est suivi d'une expression précise de l'occurrence du non-respect, et éventuellement des conséquences de ce non-respect ;

* cette démarche est enfin conclue par une demande raisonnable de changement ou de réparation dans un délai précis ;

- la parole est ensuite donnée au destinataire de la confrontation pour entamer un dialogue, et non une discussion, dont le but est d'établir un contrat plus solide, clair, détaillé et accepté par tous les partenaires.

Un dérapage courant consiste à utiliser ce terme un peu galvaudé dans les milieux de la communication pour justifier la critique spontanée et quelquefois agacée du comportement d'une personne ou d'une entité collective en l'absence totale d'un contrat ou d'un engagement préalable formel.

Partant du principe qu'il est difficile d'accompagner le changement d'une personne ou d'un système si l'on ferme les yeux sur ses incohérences, il est utile pour un coach de savoir confronter et de modéliser auprès de ses clients une pratique constructive de l'art de la confrontation. En coaching d'équipe, il est aussi utile de proposer cette méthode, voire la procédure détaillée comme une approche possible de résolution de problèmes collectifs.

Voir aussi : *Bienveillance.*

Confusion

État chaotique ou de circularité négative qui caractérise les interfaces au sein d'une personne ou d'un système très fluide, voire gazeux, ou encore peu structuré. La confusion est un excellent indicateur de potentiel de créativité, de changement, de développement, de remise en question, voire de transformation. Par conséquent, ce qui est perçu comme de la confusion par les managers, juristes et financiers est en fait un état naturel chez les entrepreneurs et autres créateurs ou artistes.

Attention

> *Lorsqu'une personne exprime sa confusion en soulignant qu'elle n'arrive plus à suivre les débats au sein d'un groupe ou d'une équipe, elle ne fait souvent que ressentir et manifester la confusion propre au système.*

Ainsi, paradoxalement, une personne qui exprime sa confusion au sein d'un système en est probablement le membre le moins confus. Bien entendu, cela n'empêchera nullement les autres membres de se lancer dans de multiples explications contradictoires, voire encore plus confuses, afin de tenter de la faire replonger au sein du chaos ambiant.

Un état de confusion perçu par autrui n'est quelquefois que la réaction à la manifestation d'un mode opératoire créatif et polychronique, plutôt que linéaire et organisé. Par conséquent, la peur de confusion est souvent une motivation centrale chez une personne ou au sein de systèmes organisés qui privilégient la prévisibilité et le contrôle.

Au niveau systémique, la confusion est souvent un indicateur d'excès d'énergie, de perméabilité, de réceptivité et de créativité.

Penser à certaines « start-up » ou à certains artistes créatifs qui surprennent régulièrement leur entourage par leur créativité et leur réactivité imprévisible au point de paraître brouillonne.

Lorsqu'elles sont accompagnées par des coachs, les enjeux de croissance de ces personnes et systèmes consistent souvent à mettre en place un minimum de méthode et de structure, à la fois formelle et relativement durable. Mais au

57

risque de perdre leur identité spécifique et leur potentiel innovant, point trop n'en faut.

Voir aussi : *Émergence*.

Conseil

Prescription ou solution, comme celle d'un médecin, qu'un expert peut donner à un client afin qu'il puisse résoudre son problème. L'approche d'expert considère que chaque type de problème a sa solution. Chaque maladie a son remède, chaque panne de moteur sa réparation, chaque question sa réponse. Pour sortir du lot de ce cadre de référence relativement mécanique, certains experts offrent des solutions personnalisées.

L'approche de coaching est réputée n'offrir aucune solution à son client, sauf, bien entendu, la plus personnalisée qui puisse exister, celle qui est élaborée par le client lui-même.

Attention

Il peut arriver que, sous certaines conditions, un coach décide de proposer une solution à un client.

La première condition est que le coach ne soit pas attaché à sa solution, comme s'il la proposait comme un exemple de solutions possibles. Ainsi, l'offre de solutions par un coach ne cherche pas à résoudre le problème du client, mais sert plutôt à l'accompagner dans sa réflexion. Lorsqu'il offre une option à un client, le coach souhaite surtout stratégiquement aider ce dernier à rebondir sur celle-ci afin de commencer à en élaborer d'autres plus personnelles.

Attention

> *Un indicateur linguistique clair apparaît lorsque la relation de coaching est perdue au profit d'une responsabilité excessivement reportée sur le coach : le client répond au coach avec un « Oui, mais... ».*

Lorsque cette expression se glisse dans le discours du client, elle indique clairement une relation qui repose sur une offre de conseils dont les résultats ou leur absence seront de la responsabilité du coach imprudent. Bien entendu, il est nécessaire de se méfier aussi de ses nombreuses variantes.

- « Peut-être, seulement... »
- « C'est intéressant, sauf que... »
- « D'accord, vous avez raison, l'ennui, c'est... »
- « Pas bête, toutefois... »
- Etc.

Lorsque celles-ci apparaissent, il est pratiquement certain que le client se laisse porter par son interlocuteur, et que celui-ci n'est pas ou n'est plus dans une véritable posture de coach.

Conseil (bis)

Personne qui, comme un comptable, un psychologue ou un médecin, peut proposer des solutions efficaces, généralement dans un domaine d'expertise précis et affiché. Si le coaching est réputé différent du conseil, cela implique que les clients peuvent avoir besoin des deux approches, pour des raisons bien distinctes.

La recherche de solutions dans un domaine donné, comme par exemple le sport, peut être effectuée à la fois avec un instructeur spécialiste de ce sport et avec un coach personnel plus centré sur le développement des qualités intrinsèques du sportif.

Malgré les esprits chagrins qui souhaitent absolument opposer ces deux types de démarches foncièrement utiles, les deux approches sont totalement complémentaires.

Voir aussi : *Coach, Expert.*

Consensus

Comme en « recherche de consensus » : concept relativement flou, souvent réputé mou, de partage d'informations et/ou de prise de décision, ce qui n'est vraiment pas la même chose.

Attention

Il y a rarement de consensus sur la définition précise de ce concept au sein des équipes et entreprises où il est couramment usité.

La recherche de consensus est un processus revendiqué au sein de systèmes relationnels claniques dont le fonctionnement repose sur des luttes intestines d'influence entre plusieurs clans solidement implantés et représentés par des barons historiques. Au sein de ces contextes, ce processus est souvent manipulateur. Il est mis en œuvre alors que les règles du jeu sont soit trop peu élucidées, soit jamais appliquées. Il sert à entériner des décisions soit raisonnables soit franchement conservatrices, dont l'objectif est de limiter toute possibilité de changement. La recherche de consensus sert à préserver le *statu quo*.

Au sein de ces systèmes très relationnels, la recherche de consensus est donc un processus informel et généralement inefficace qui se veut paritaire et qui, au nom d'une approche communautaire, semble surtout servir les mêmes groupes d'intérêt conservateurs et/ou privilégiés.

Lorsqu'il s'agit de prendre des décisions dérangeantes au sein de systèmes collectifs, il est souvent utile de faire appel à un coach d'équipe ou d'organisation. Afin de clarifier le processus de décision et de centrer l'augmentation de la performance, celui-ci aidera à différencier le processus de consultation, bénéfique sinon indispensable, du processus de décision statutaire prévu dans les statuts juridiques et écrit lors de la création du système.

Au sein de systèmes en réseau relativement mûrs et statutairement non hiérarchiques, la recherche de consensus peut révéler l'existence d'une dynamique de dialogue. Celui-ci sert à créer un « esprit » ou un cadre de référence collectif qui peut être puissamment fédérateur.

Voir aussi : *Conspiration, Décision, Dialogue.*

Conspiration

Étymologiquement, une conspiration est synonyme d'« aspiration collective ». Une conspiration est à une équipe ou à une entreprise ce qu'une ambition ou une aspiration est à un individu. Ainsi, une conspiration peut être assimilée à un projet collectif, original et mobilisateur.

Attention

Les esprits chagrins considèrent souvent qu'une conspiration est une sorte de dynamique de rébellion collective, dans la mesure où ses effets échappent à leur contrôle et où elle œuvre hors des sentiers battus, hors de l'ordre établi.

En tant qu'aspiration collective ou projet novateur, une conspiration conçue et mise en œuvre par un grand nombre de personnes au sein d'une organisation peut en améliorer la performance de façon conséquente, voire permettre de déplacer des montagnes. Il est donc souvent recommandé au coach de valider, voire soutenir, toute manifestation de conspiration au sein de ses équipes et entreprises clientes. La cocréation et l'accompagnement d'une aspiration collective ou d'une conspiration centrée sur des résultats extraordinaires au sein d'un ensemble professionnel peuvent d'ailleurs être une excellente définition du coaching d'équipe.

Voir aussi : *Projet, Vide.*

Constellation

Comme pour une constellation familiale, terme qui, en approche systémique, désigne un ensemble ou un tout cohérent, interdépendant et solidaire comme le serait, normalement, une équipe, un réseau, une entreprise.

Il est utile pour un coach de percevoir des familles, des équipes et des organisations comme des constellations où l'équilibre et les interfaces entre les membres constitutifs du système sont plus significatifs pour l'ensemble que chacun d'entre eux pris individuellement. Par conséquent, le terme de constellation est une métaphore qui peut servir à souligner qu'au sein de systèmes performants, si chacun peut se prendre pour une étoile, c'est l'ensemble collectif qui véhicule un dessin ou un dessein. Une constellation est bien plus porteuse de sens.

En coaching individuel, il est aussi utile d'accompagner chaque client de façon à l'aider à prendre conscience de sa part active au sein de nombreuses constellations familiales, professionnelles, politiques et sociales. Sans ces ensembles, les projets individuels perdent leur sens, ne pourront pas voir le jour, voire ne résisteront jamais au temps de façon durable. Le collectif environnant constitué de nombreux liens interpersonnels est souvent bien plus significatif et puissant que chaque individu pris séparément.

Voir aussi : *Équipe, Individu, Systémique.*

Contrat

Pierre angulaire de l'approche du monde professionnel, et donc du coaching. Un contrat sert à préciser, si possible préalablement et par écrit, les objectifs et les ressources nécessaires qui seront mises en œuvre pour les atteindre au sein d'une relation de partenariat qui se veut productive. Il est souvent considéré qu'un contrat pérenne permet aux parties prenantes de percevoir qu'elles partageront de façon équitable leurs gains comme leurs pertes au sein d'une action ou d'une entreprise commune.

Un contrat bien ficelé précise donc des objectifs, des responsabilités et des moyens, et s'inscrit dans des délais. Souvent, il prévoit aussi sa propre fin, ou encore comprend des conditions de séparation tels des « parachutes » en cas de non-respect ou de rupture prématurée par l'une ou l'autre des parties prenantes.

Attention

Un dérapage courant de l'approche contractuelle consiste à utiliser la « lettre » d'un contrat pour tenter d'obliger un partenaire à poursuivre dans la mise en œuvre d'une clause dont il ne souhaite plus respecter l'« esprit » ou qu'il perçoit comme désavantageuse.

Un contrat ne peut être valable que si les parties prenantes souhaitent continuer à en respecter l'esprit. Faute de quoi il risque de se transformer en tremplin pour amorcer deux jeux de manipulation : « Maintenant je te tiens, salaud » et « coincé ».

Attention (piège complémentaire)

De nombreuses personnes manifestent à terme des diffi-cultés à respecter certaines clauses de contrat qu'elles avaient pourtant signées. Elles se posent alors en victimes des circonstances, coincées au sein d'un engagement formel dont elles ont perçu les avantages, mais pas envisagé les contraintes.

Il est utile de souligner que le processus d'établissement d'un contrat n'est que le pendant positif de la mise en œuvre des processus décrits par ces jeux de manipulation, mais plutôt dans une relation de gagnant à gagnant.

Attention (ter)

Nombre de coachs insistent, quelquefois lourdement, sur le fait qu'il faut établir des contrats très détaillés avant d'entamer une séquence de coaching. Dans de nombreux cas, cette démarche consiste à prendre beaucoup de temps pour tenter de définir avec précision et un peu trop tôt le détail de la trajectoire d'un client, alors même que le parcours d'un coaching est censé être une approche émer-gente.

Par conséquent, le coach professionnel peut aussi faire attention de ne pas se servir de la notion de contrat pour se protéger, pour se rassurer, pour tenter de contrôler la situation, etc., jusqu'à évacuer la dimension fondamentalement confiante, créative et spontanée propre à la démarche et la relation de coaching.

À étudier aussi : le concept de contrat triangulaire, fort courant lors de coachings prescrits, lorsque les bénéficiaires de l'accompagnement ne sont pas à l'origine de la relation, ou encore ne sont pas ceux qui payent la prestation.

Notez que s'il existe de multiples types de contrats formels en coaching, il ne faut pas confondre ce concept avec la souplesse propre aux différents niveaux d'accords avec le client tels les accords au niveau de la relation, l'accord de séance, l'accord de séquence, l'accord de *homework* ou de travail délégué, les accords d'interruption, de questions, de confrontation ou de partage de perceptions, etc.

Voir aussi : *Accord.*

Contrat triangulaire

Le contrat triangulaire est un concept créé par Fanita English. Il remonte à l'époque du développement de la pratique de l'analyse transactionnelle en milieu social. Depuis, il est largement usité dans tous les milieux du conseil, de la formation, voire de tout domaine de la communication.

Essentiellement, la notion de contrat triangulaire s'applique aux situations de coaching où le bénéficiaire de la démarche n'est pas le payeur, le prescripteur, voire la personne à l'origine du premier contact avec le coach. La multiplicité des acteurs peut alors ajouter une complexité implicite, voire des contradictions flagrantes entre les demandes officielles comme entre les enjeux politiques et sociaux des différentes personnes en interaction avec le coach.

Si, à l'origine, le concept ne faisait référence qu'à des contrats qui incluaient trois partenaires en relation professionnelle, la notion de contrat triangulaire apporte aujourd'hui une perspective extrêmement enrichissante lorsqu'un accord explicite doit être élaboré entre de nombreux acteurs pertinents. Dans sa forme actuelle, le concept est devenu incontournable dans la pratique du coaching professionnel en entreprise, avec des équipes, en famille, en couple, en associations, et même en coaching individuel.

Attention

Même lorsqu'un client se désigne lui-même comme bénéficiaire d'un accompagnement de coaching et qu'il entend autofinancer la démarche, il est possible que d'autres acteurs pertinents soient très présents tout au long de son parcours de développement.

Un coach bien formé à la dimension systémique évoquée par la notion de contrat triangulaire intègre presque naturellement la complexité des influences de l'environnement d'un client, même lorsque ce dernier paraît être le seul décisionnaire et investisseur à l'origine de la démarche.

Voir aussi : *Constellation, Systémique.*

Conversation

Terme issu de conversatio en latin pour « *rapport* », « *fréquentation* » ou « *genre de vie*[1] ». Le mot est couram-

---

1. Petit Robert.

ment usité pour évoquer le type de relation très particulière de partage et de confiance, parfois intimiste que le coach souhaite instaurer avec ses clients.

La capacité à créer cette qualité de relation considérée comme indispensable pour obtenir des résultats hors du commun est indéniablement une des compétences clés du métier de coach.

Voir aussi : *Dialogue.*

Crises

En chinois, paraît-il, le mot pour « crise » signifie à la fois « danger » et « opportunité ». Chez nous, le mot vient du grec *krisis*, qui veut dire « décision ». Ces associations liées au mot « crise » font référence aux périodes de transition, de créativité, d'opportunité, de croissance ou de changement de cadre de référence qui poussent chacun à presque naturellement prendre les décisions qui s'imposent. Peut-être que, comme la crise que traverse actuellement le monde de la finance, une crise est au contraire provoquée par l'incapacité à prendre des décisions. En effet, cela fait des années que de nombreuses décisions auraient dû être prises pour encadrer le monde des investissements toxiques. Peut-être encore, comme lors de l'adoption et de la mise en œuvre de l'Euro, une crise est la résultante d'une décision salutaire qui a pour effet un changement radical de cadre de référence.

Par conséquent, les crises sont habituellement perçues sous l'angle de la résistance au changement, comme des phénomènes négatifs, à éviter ou à solutionner au plus vite afin de retrouver une stabilité rassurante, et quelquefois illusoire parce que passagère.

Il n'en demeure pas moins que les périodes de transition ou de crise sont celles qui poussent une majorité de clients individuels ou collectifs à chercher l'accompagnement d'un coach. Si leur motivation est quelquefois déterminée par l'envie de retrouver une stabilité passée et perdue, le coach est plutôt centré sur le développement de leur potentiel dans l'avenir.

Voir aussi : *Résistance.*

Croyances

Préjugés. Structures mentales que nous prenons pour la réalité et qui, de fait, influencent, voire structurent non seulement notre vision du monde mais aussi nos actions et nos réalisations. Par définition, puisque nous agissons en fonction de nos croyances positives ou négatives, et puisque nous percevons les résultats de nos actions à travers le filtre de ces mêmes croyances, celles-ci sont considérées comme « autoconfirmantes ».

En fait, physiologiquement, ce que chacun « voit » ou perçoit est une construction mentale, entièrement conçue par le cerveau à partir d'un choix d'impulsions issues de ses sens. Chacun ne peut donc percevoir qu'une reconstruction, qu'une traduction ou encore qu'une interprétation très personnelle de son environnement. Considérant ces filtres, nous n'avons pas accès à la réalité.

Par conséquent, notre réalité quotidienne consiste à cheminer chacun dans l'univers de ses croyances autoconfirmantes, qui, si elles sont structurantes, sont aussi plus ou moins limitantes ou permissives. Dans tous les cas, puisque nos croyances ne sont pas plus valides les unes que les autres, autant en choisir des positives et constructives.

Le travail d'un coach repose souvent sur un dialogue ou un jeu transactionnel dont le but est la remise en question des croyances autoconfirmantes, du moins celles qui limitent le client individuel ou collectif. Cette démarche a tout simplement pour objectif de l'aider à en construire d'autres, potentiellement plus performantes.

Attention

> *Paradoxalement, soulignons qu'au niveau linguistique, lorsqu'une personne annonce : « Je crois que… », elle n'exprime souvent qu'une pensée qu'elle est relativement prête à modifier, alors que si elle dit : « Je pense que… », elle exprime ce en quoi elle croit vraiment, une croyance plus fondamentale, qu'elle ne voudra pas facilement remettre en question.*

Voir aussi : *Illusion, Perception.*

Culture

Une culture est à un ensemble collectif ce qu'une personnalité est à un individu. Un ethnologue peut donc classer des ensembles tels des équipes, des entreprises, des provinces et des pays selon leur type de croyances, d'attitudes et de comportements collectifs, de la même façon qu'un psychologue peut déterminer le profil de personnalité d'un individu en fonction de ses attitudes, ses émotions, ses croyances et ses comportements personnels.

Attention

> *Comme pour évaluer son propre type de personnalité, il est souvent difficile pour une personne issue d'un ensemble culturel de définir avec précision les critères qui définissent sa propre culture. En effet, il est malaisé de comprendre ce*

69

qui nous comprend, c'est-à-dire d'être à la fois juge et partie prenante.

Par conséquent, il ne faut pas confondre :

* la *culture active* d'un système, qui définit la façon dont un ensemble collectif est perçu par son environnement ;
* et la *culture verbale* du même ensemble, qui repose sur l'autodéfinition de son propre profil.

La culture verbale d'un ensemble tel qu'une entreprise est plus souvent une opération valorisante proche d'une démarche de marketing. En effet, la « culture verbale » consiste à affirmer avec conviction un certain nombre de critères identitaires afin de s'autodéfinir par rapport à l'environnement, souvent de façon positive.

Inventoriez le nombre de définitions de cultures d'entreprises qui valorisent leur souci de la qualité, leur attachement à des valeurs, leur respect du personnel, leur écoute du client, etc., puis mesurez leurs résultats réels dans ces domaines.

Lorsqu'une organisation accorde réellement de l'importance dans un domaine particulier comme par exemple la dimension financière, elle en mesure les résultats quotidiennement. Lorsqu'elle accorde moins d'importance à un domaine comme par exemple la qualité perçue par le client, elle en mesure les résultats tous les six mois. Lorsque enfin elle accorde très peu d'importance à un domaine comme la satisfaction du personnel, elle en fait une mesure tous les deux ans. Bien entendu, cela n'empêchera aucune entreprise de clamer haut et fort que sa culture valorise les trois domaines de façon strictement équivalente.

Comme lorsqu'il s'agit de définir de façon pratique la manière dont une personne est perçue, il vaut mieux demander à l'environnement externe de participer à la définition de la culture d'un ensemble particulier, ce qui équivaudrait à la mise en œuvre d'un « 360° culturel ».

Si les Anglais, les Belges, les Allemands, les Suisses, les Italiens et les Espagnols définissaient les croyances, les attitudes et les comportements des Français, quels seraient les points communs dans leurs descriptions ? Nous pourrions avoir quelques surprises en constatant l'écart entre ces perceptions et celle que nous avons de nous-mêmes en France.

Le rôle d'un coach d'équipe ou d'organisation consiste souvent à aider un client collectif à confronter les écarts et incohérences entre sa culture « verbale » et sa véritable culture active. Cette comparaison permet ensuite de mettre en œuvre un plan d'action dont l'objectif est d'augmenter sa congruence. Ce travail aboutit généralement à une nette amélioration de l'image interne et externe du système concerné.

D

Décision

Choix volontaire qui permet à une personne ou à un système collectif d'exprimer sa liberté et de changer le cours des choses dans le présent ou le futur. La prise de décision est un processus interne et central parmi les caractéristiques des systèmes formels, qui leur permet de faire des choix à la fois quotidiens et stratégiques.

Dans le monde des organisations et des entreprises, les instances décisionnelles et le processus de décision sont très clairement définis par écrit au sein des statuts juridiques. Ce processus, généralement mis en œuvre par l'exécutif, gagne à être rappelé et respecté. Un processus de décision clairement défini et appliqué différencie une équipe ou un réseau efficace d'un simple ensemble collectif ou d'un groupe plus informel.

Attention

Un processus de décision souvent réclamé, sinon revendiqué, au sein de nombreuses équipes consisterait à faire en sorte que tout le monde vote sur toutes les décisions. C'est la définition même de l'anarchie.

En entreprise, une décision est un engagement envers l'action effectuée par une personne, une équipe ou l'ensemble de l'organisation. Un processus de décision comprend plusieurs étapes :

- la prise de décision elle-même est généralement précédée d'une phase préparatoire ou d'« instruction » qui vise souvent à en rendre les effets aussi prévisibles que possible ;

- généralement, lorsqu'une décision est prise, son énoncé gagne à être bien formulé afin d'en faciliter la communication ou la diffusion auprès de toutes les personnes concernées ;

- enfin, une décision gagne surtout à être accompagnée de sa mise en œuvre, dont la planification et le suivi seraient au moins aussi rigoureux que son instruction préalable.

Il est habituellement admis qu'une décision complète ou précise doit clairement définir de façon mesurable à la fois :

- le changement envisagé suite à une action déterminée, c'est-à-dire le « quoi ? » ;

- le responsable unique de son application ou le pilote unique du suivi, c'est-à-dire le « qui ? » ;

- et les délais de son achèvement, c'est-à-dire le « quand ? ».

Constatez le nombre de décisions dont la responsabilité incombe à « tous », et dont le délai est « ASAP » (*As Soon As Possible* en anglais).

Lorsque ces critères incontournables ne sont pas respectés, la décision peut être considérée comme un simple vœu pieux.

Attention

> *En entreprise comme en politique, ne jamais confondre l'annonce d'une décision avec une quelconque probabilité de sa mise en œuvre. Ce sont surtout les décrets d'application qui rendent une décision véritablement opératoire.*

Voir aussi : *Passivité.*

Délégation

Style de management ou de direction dont la dimension paradoxale a permis d'alimenter plusieurs milliards d'heures de formation ces dernières décennies, sans beaucoup de résultats réellement mesurables.

Attention

> *Dans nombre d'entreprises, la mise en œuvre d'un management de délégation est tout simplement revendiquée par le personnel ou le management auprès du patron.*

En somme, non seulement le dirigeant d'une organisation est responsable de faire marcher l'entreprise, mais, paradoxalement, il est aussi responsable de « moins en faire ». De fait, le problème de délégation vers le bas est ainsi délégué vers le haut. Il s'avère que, comme pour la liberté, les responsabilités ou l'autonomie, si la véritable délégation se prend, elle ne peut ni se demander ni se donner.

Comble de la délégation : obliger tout l'encadrement intermédiaire d'une organisation à suivre des formations standardisées sur les grands principes qui régissent ce concept, puis en mesurer la mise en œuvre dans des délais imposés.

Par conséquent, la délégation est un concept extrêmement difficile à appréhender pour la grande majorité des dirigeants comme pour leur personnel, sans parler des formateurs et consultants : il leur faut souvent tout désapprendre pour saisir le fait que la délégation est par nature tout simplement de l'initiative à saisir par chacun, au sein d'un contexte qui le permet. « Un contexte qui permet la prise d'initiative » peut aussi, notons-le en passant, très bien définir le cadre de référence du coaching. En effet, la posture du coach est fondamentalement une posture de délégation. Elle offre un contexte d'apprentissage et d'autonomie qui permet au client de développer ses compétences, voire de déployer son envergure.

La délégation ne peut exister qu'au sein d'un contexte d'entreprise entreprenante, ou « apprenante », où l'action et la réaction sont privilégiées par rapport à la planification et au contrôle. Dans ces entreprises relativement dynamiques, l'action responsable caractéristique d'un contexte réel de délégation précède souvent la grande majorité des discussions et des décisions. Constatons que le contraire caractérise les organisations qui reposent sur une dynamique de contrôle par la centralisation.

À l'affût de nouvelles méthodes de formation, le cadre de référence et l'esprit spécifique du coaching n'ont pas échappé à de nombreux responsables de formation. Ces derniers recherchent aujourd'hui des programmes de formation appelés « managers-coachs ».

- En suivant ces programmes relativement comportementaux, des managers apprendraient des compétences de coach.

- En adoptant la posture propre à ce métier, des managers deviendraient capables de mieux accompagner le développement de l'autonomie responsable de leurs collaborateurs.

Voir aussi : *Autonomie, Paradoxes, Responsabilité.*

Demande

En coaching, la demande est la définition initiale de l'objectif tel qu'il est formulé par un client. Paradoxalement, la demande d'un client s'inscrit généralement au sein de son cadre de référence. Or c'est justement ce cadre de référence qui limite ses options en ce qui concerne l'atteinte de son objectif ou la résolution de son problème. Sinon, il l'aurait déjà fait.

Puisque la demande d'un client s'inscrit au sein d'un cadre de référence, elle sert aussi à le confirmer. En effet, si cette demande initiale peut honnêtement manifester l'inconfort du client ou sa motivation d'évolution, elle s'inscrit aussi souvent dans la préservation de son cadre de référence limitant.

Un client très contrôlant formule une demande pratique centrée sur une meilleure gestion de son temps.

Paradoxalement, une demande relativement technique de management de la gestion du temps ne sert qu'à préserver, voire confirmer un cadre de référence de contrôle qui est peut-être à la source des difficultés de gestion du temps du client. Le vrai enjeu du client, caché ou révélé par sa demande, serait de travailler sur ses capacités à déléguer, donc de lâcher prise sur sa tendance à tout contrôler. Par conséquent, au-delà de l'écoute de la demande initiale, le premier travail d'un coach consiste généralement à faciliter l'émergence des véritables enjeux du changement de cadre de référence du client.

Dans l'exemple ci-dessus, il s'agirait d'accompagner le client vers une plus grande confiance en l'autre et/ou la mise en place d'un contexte de délégation. Dès lors que le client trouve ou élabore le cadre de référence qui lui convient, le travail du coach consiste tout simplement à l'accompagner dans la mise en œuvre de sa transformation vers beaucoup plus de performance. Ce qui, accessoirement, résoudra son problème de gestion du temps.

Voir aussi : *Enjeux, Temps.*

Déontologie

Éthique professionnelle. Règles qui encadrent la pratique d'un métier. Le cadre déontologique d'une profession est souvent mis en avant par les associations professionnelles ou les syndicats de métiers. Ces règles du jeu sont souvent inscrites au sein du contrat juridique et ont pour but de protéger le client comme le fournisseur.

Dans le monde du coaching, l'International Coach Federation affiche sur son site Internet (www.coachfederation.org) le cadre déontologique du métier qui engage chacun de ses membres.

Voir aussi : *Association professionnelle, Confidentialité, Contrat.*

Devoirs

En coaching, la notion de devoirs, *homework* en anglais, concerne les actions qui seraient entreprises par les clients sur le terrain, et entre une session et la suivante. Il s'agit généralement de l'application d'une décision prise lors du coaching ou de la mise en œuvre d'un nouvel apprentissage.

Voir aussi : *Droits et devoirs.*

Dialogue

Proche de conversation, dialoguer a pour racine grecque *dia* qui signifie « à travers » (et non « deux ») et *logos* qui signifie le « verbe » ou le « mot ». Ne pas confondre avec « discussion », qui vient du latin *discussio*, proche de *discutere* pour « agiter », et qui évoque qu'il faut découper et casser pour convaincre.

Au-delà d'une simple communication qui consiste à mettre en commun des informations, un « dialogue » est un échange verbal qui permet la création de nouveaux sens partagés. Lors d'un véritable dialogue, les partenaires construisent un nouveau cadre de référence ou une nouvelle réalité, en commun. Selon Platon, le dialogue permettrait à chacun de découvrir la vérité. À peu de chose près, cela pourrait s'appliquer au coaching, qui peut aider chacun des clients à préciser sa propre vérité puis à agir dessus, afin de s'épanouir.

Selon David Bohm, physicien de renom, un dialogue entre plusieurs personnes est un processus caractérisé par un échange verbal fluide et constructif. Il a pour véritable fonction de permettre, par la conversation, l'émergence d'un sens partagé qui dépasse les préjugés ou *a priori* personnels ou culturels des partenaires. Ce qui empêche le plus souvent l'avènement de véritables dialogues, c'est notre fâcheuse tendance à défendre nos opinions en nous positionnant en experts et en tentant d'imposer à nos interlocuteurs nos cadres de référence sous-jacents.

Fondamentalement, le coaching est une approche qui repose sur le dialogue et la conversation afin de faciliter l'apparition de nouvelles solutions. Le coaching ne repose surtout pas sur la discussion qui favorise l'escalade verbale pour convaincre l'autre au sein d'une relation comportant une ou plusieurs expertises compétitives.

Voir aussi : *Écoute.*

Discussion

Du latin *discutere* qui veut dire « agiter ». De plus, *dis* sert à « séparer » et *cutere* à « casser ». C'est le contraire du dialogue, qui est la pierre angulaire du coaching. Par conséquent, lorsqu'il y a discussion, il n'y a pas coaching. (Circulez !)

La discussion est un échange agité d'experts où la priorité est donnée à l'analyse, sinon la décomposition des points de vue des uns et des autres pour désigner un gagnant, alors que la méthode ne fait que prouver que tous les interlocuteurs sont dans l'erreur.

Voir aussi : *Analyse, Dialogue, Expert, Gagnant.*

Droits et devoirs

Les droits gagnent à être systématiquement associés aux devoirs, même si ces derniers sont souvent oubliés. Paradoxalement, tous nos droits et nos devoirs concernent les mêmes domaines.

- Le droit à l'information ou à la communication est identique au devoir de s'informer et de communiquer.
- Le droit à la liberté ou à l'autonomie est le même que le devoir de l'assumer et de le déployer.

- Le droit à la liberté d'expression est le frère jumeau du devoir d'exprimer son opinion, par exemple de voter.
- Le droit à l'erreur accompagne toujours le devoir d'apprendre.
- Etc.

Bien entendu, les affirmations ci-dessus peuvent toutes être inversées. Il en résulte quelques paradoxes souvent observables au sein de nos systèmes sociaux : pour communiquer clairement que l'on ne veut pas assumer la responsabilité de nos « devoirs », il est habituel de les traduire en « droits » et de faire comme si on les désirait, en les revendiquant auprès d'autrui.

Par conséquent au sein de nombreux contextes sociaux et professionnels, il serait grand temps d'assumer les *devoirs* de voter, de travailler pour sa rémunération, d'agir avec justice, de vivre en autonomie, de s'exprimer avec liberté et authenticité, de traiter les autres avec respect et égalité, etc. Le travail d'un coach gagne souvent à aider ses clients à associer leurs droits à leurs devoirs, lors de leur cheminement vers l'autonomie.

E

Écoute

Écouter, c'est d'abord se taire et laisser la place à l'expression de l'autre. Mais une réelle écoute, comme l'étymologie du mot l'indique, c'est savoir *ausculter* ou « s'appliquer à *entendre, prêter son attention à (des bruits, des paroles…)*[1] ».

Bien entendu, dans les métiers de la communication une réelle écoute s'applique à discerner le sens des mots en association à des comportements, et cela bien au-delà de l'entente des bruits et des paroles. L'écoute est le savoir-faire principal ou la pierre angulaire du métier de coach. Elle est essentielle à tout dialogue.

Attention

> *Si le principe de l'importance de l'écoute dans la communication est généralement acquis, il s'avère que sa pratique professionnelle dans un métier comme le coaching nécessite souvent un long entraînement pratique.*

Il est sans doute regrettable qu'un rodage systématique de cette compétence ne soit pas aussi au cœur des cursus de formation au leadership, au management, à la vente, et à tous ces autres métiers qui sont basés principalement sur la communication et la collaboration efficace. Les formations

---

1. Petit Robert.

de ces professionnels sont trop souvent centrées sur l'acquisition de connaissances dans d'autres domaines relativement secondaires à la bonne pratique de ces professions qui reposent surtout sur la relation. De plus, l'accent excessif porté sur ces connaissances favorise une fâcheuse tendance à la prise de parole dans le but de convaincre un adversaire plutôt que d'écouter un partenaire.

Le coach n'écoute pas trop le contenu du propos de son client. Il y prête certes un peu d'attention, mais écoute surtout ce qui est exprimé au-delà des mots. Pour ce faire, la capacité d'écoute du coach est liée à son observation du client afin de percevoir ses motivations, ses ambitions, ses compétences, ses congruences comme ses éventuelles contradictions. L'écoute du client peut aussi comprendre une capacité de discernement au niveau du ton de sa voix, de sa respiration, de ses hésitations et surtout de ses silences. C'est, en effet, souvent lorsque le client se tait que le véritable travail de coaching a lieu, et que l'écoute devient indispensable. Cela dit, il y a une grande variété de dimensions importantes qu'un coach peut prendre en considération lorsqu'un client s'exprime.

- La qualité de la relation que le client établit avec le coach qui, par extension, peut illustrer comment il entre en relation et collabore avec d'autres personnes ou ressources au sein de son environnement.
- La façon pour le client de démarrer, de poursuivre et de finir ce qu'il entreprend lors d'une séance, d'une séquence, d'une mise en œuvre sur le terrain, etc.
- Les motivations profondes du client révélées par ses ambitions affichées, la couleur de son visage, les fluctuations dans l'énergie de sa voix.
- Les valeurs exprimées par le client et celles qui sont révélées par ses comportements comme par les thèmes qu'il aborde.

- Sa façon de penser : avec méthode et rigueur, de manière créative, par associations et métaphores, de façon concrète et pratique, par généralisations, en réactivité, en rêveries, de façon posée, etc.
- Sa gamme d'émotions limitée ou étendue, affichée et cachée, exprimée ou retenue, excusée ou assumée, etc.
- Ses habitudes comportementales, ses choix vestimentaires, sa façon de prendre sa place, de se déplacer, l'intérêt qu'il porte aux objets, à l'environnement, à son confort, etc.
- Sa gestion du temps, son assiduité, son rythme, etc.
- Son choix de mots, la force et la modulation de sa voix, ses tics linguistiques et ses expressions favorites, etc.
- Etc.

Tous ces exemples illustrent que, par son écoute, le coach s'intéresse beaucoup plus à la personne du client et à son cadre de référence qu'à sa préoccupation du moment. En effet, cette préoccupation formulée soit comme un problème à résoudre, soit comme un projet à réaliser n'est souvent que passagèrement importante pour le client. Elle sert surtout à véhiculer la profondeur de la personne et à exprimer la richesse de son potentiel. Ce sont ces dimensions que le coach « écoute » et dont il accompagne le développement.

Voir aussi : *Accompagnement, Accord, Silence, Transparence.*

Élève

Sorte d'apprenti qui suit l'enseignement d'un maître. Comme le terme l'indique, la fonction d'un élève est de faire tout son possible pour s'élever, si possible bien au-delà du maître. À ne pas confondre avec l'étudiant qui étudie, et le disciple ou l'adepte qui adhère, se plie et reste fidèle à la doctrine, sans avoir pour but ultime de la dépasser ni de s'en libérer en s'en dégageant par le haut.

La formation au coaching est essentiellement une formation à des compétences ou à un savoir-faire. Par conséquent elle devrait surtout hériter du contexte de l'apprentissage traditionnel, c'est-à-dire de la relation de maître à apprenti, à la manière de l'enseignement des métiers artistiques.

Voir aussi : *Accompagnement, Formation.*

Émergence

Apparition naturelle ou spontanée d'un événement imprévu ou non planifié, qu'il est toutefois nécessaire de savoir accueillir avec une certaine ouverture d'esprit afin de le traiter comme une opportunité. En approche systémique, la stratégie qui accueille de façon positive ce qui est émergent repose sur une grande confiance à la fois dans ses propres ressources comme dans celles qui se présentent spontanément au sein de l'environnement. Cette approche est souvent accompagnée d'une attitude de lâcher prise, qui existerait en opposition à des stratégies plus volontaires.

Par conséquent, une approche « émergente » est contraire ou opposée à celles qui reposeraient sur un programme détaillé ou sur une planification plus linéaire et rigoureuse. Ces dernières induiraient plutôt une attitude de contrôle qui favoriserait une prévisibilité plus rassurante, une réactivité moins créative.

« Saute, et le filet apparaîtra. »

Une approche émergente nécessite une grande capacité d'écoute, une souplesse d'esprit et de mouvement, une réactivité positive et une disponibilité accueillante à tout ce qui peut surgir à chaque instant. Il s'agit d'être vraiment dans l'« ici et maintenant ». Ces qualités permettent de saisir chaque opportunité qui pourrait se présenter au fur et à mesure que progresserait un accompagnement en coaching et, par extension, que se déroulerait un projet sur le terrain du client.

Le coaching repose sur une confiance absolue dans les capacités du client à fixer ses objectifs, à trouver ses solutions, à se développer, voire à se transformer. Par conséquent, cette approche d'accompagnement privilégie très largement des stratégies qui s'appuient sur la confiance en l'émergence de solutions. En effet, lorsqu'un client n'est pas accompagné par un expert prévoyant et bardé de solutions souvent préconçues, ces dernières peuvent faire surface au cours de la démarche. Une certaine dose de patience est souvent nécessaire, les solutions ne faisant surface dans l'environnement du client qu'après qu'il a entamé son parcours.

Il est évident qu'une stratégie qui consiste à cheminer en saisissant des solutions émergentes suppose aussi que le coach ait confiance en lui-même, afin de ne pas projeter ses propres doutes sur les capacités de son client.

Voir aussi : *Coïncidence, Puissance, Synchronicité.*

Émotion

Proche de « motion » comme dans le mouvement, l'agitation, les troubles. Ce qui émeut, meut ou motive. Une émotion est une réaction affective qui, lorsqu'elle est conséquente, est accompagnée de réactions neurovégétatives telles qu'une pâleur, un rougissement, un tremblement, une paralysie, etc.

Pour ne citer qu'une tradition, l'analyse transactionnelle dénombre quatre émotions principales : la joie, la tristesse, la colère et la peur. Certains y ajoutent la surprise et le dégoût. Évidemment, comme pour la gamme infinie des couleurs, nous ressentons quotidiennement toutes une panoplie d'émotions intermédiaires.

Attention

Au sein de systèmes structurés, il est utile de considérer que les émotions sont des phénomènes interactifs qui existent entre les membres d'un système relationnel, plutôt qu'au sein de l'un d'entre eux.

Dès lors, chaque émotion peut être considérée comme une expression ou une manifestation systémique, plutôt que de la responsabilité de la seule personne qui l'exprime.

Au sein d'une famille, la colère, la tristesse ou la peur d'un enfant est souvent celle qu'il capte de ses parents ou de ses frères et sœurs, qui, eux, ne l'expriment pas.

Ainsi, un regard systémique sur la manifestation d'émotions propose de les percevoir comme des expressions de phénomènes partagées par un ensemble, même lorsqu'elles sont exprimées par un seul individu. En coaching, la survenue de questions à partir de ce regard particulier centré sur les interfaces plutôt que sur les personnes aide les clients à changer de perspective et à modifier leurs cadres de référence relationnels.

Attention

Les études du corps humain révèlent que toutes nos fonctions musculaires sont régies par un nombre relativement limité de peptides, protéines fabriquées par le cerveau qui sont aussi à l'origine des émotions.

Cela indiquerait que toutes nos actions ou *motions* sont *motivées* par des *émotions,* d'où la racine commune de ces mots.

Voir aussi : *Constellation, Intelligence, Motivation, Systémique.*

Empathie

Si la sympathie consiste à éprouver les mêmes sentiments qu'un autre au point de vivre la même chose au même moment, l'empathie est la capacité à sentir ce que l'autre ressent, sans personnellement s'identifier à ce ressenti ni le confondre avec ses propres émotions.

Attention

> *De nombreuses personnes qui ressentent les mêmes sentiments qu'un autre croient être en empathie alors qu'elles sont en sympathie.*

La capacité d'empathie d'un coach est une qualité humaine qui devient presque une compétence essentielle du métier. Il est toujours utile de se rappeler que pour aider un client à changer de cadre de référence, le coach doit aussi se reposer sur sa propre capacité à garder du champ et de la perspective face aux émotions de celui qu'il accompagne.

Voir aussi : *Authenticité, Imposture, Posture.*

Enjeux

Comme dans les enjeux du client individuel ou collectif. Terme de coaching qui fait référence à ce qui serait véritablement utile à l'évolution du client. Les enjeux sont généralement à la fois cachés et révélés. Ils sont quelquefois mis en opposition à la demande officielle ou initiale du client. Par conséquent, les enjeux du client sont souvent différents de ses besoins exprimés. Ces derniers correspondent plutôt à son désir conscient.

Il est souvent utile pour le coach individuel et d'équipe de partir du principe que les enjeux de ses clients sont diamétralement opposés sinon complémentaires au contexte conscient au sein duquel est exprimée la demande.

- Un client qui formule une demande de résolution de problème dans une dimension relationnelle peut avoir des enjeux dans le domaine de la rigueur et dans sa capacité à poser et respecter des limites.
- Un client qui souhaite mieux développer sa créativité peut manquer de compétences dans la mise en œuvre et le suivi rigoureux de ses projets en ne les menant pas jusqu'à leur terme.
- Un client qui souhaite développer plus de moyens de gestion et de contrôle, par exemple de son temps, peut avoir des enjeux de délégation, de confiance dans son environnement, voire de lâcher prise.
- Un client qui demande de l'aide à la prise de décision peut avoir des enjeux de confiance, à la fois en lui-même et dans son environnement.
- Un client qui demande à être rassuré ou qui est en manque de reconnaissance de la part de son environnement peut souvent avoir des enjeux dans le développement de ses compétences.
- Un client qui demande à être accompagné pour développer une meilleure gestion de son temps peut avoir des enjeux dans la définition de sa juste place.
- Etc.

Rien de plus naturel pour une personne, une équipe ou une organisation que de poser ses problèmes ou de formuler ses demandes au sein de son propre cadre de référence, alors qu'il lui faut souvent en sortir pour trouver de nouvelles solutions.

Attention

> *L'écart est encore plus grand entre la demande formulée par un hiérarchique et les véritables enjeux du client désigné lorsqu'il est question de coachings prescrits par des tierces personnes, dans des contextes de contrats triangulaires.*

Pour le coach professionnel, une attention particulière est accordée à la formulation des demandes par ou pour le client dans la mesure où celles-ci peuvent cacher ou révéler le véritable enjeu de la démarche d'accompagnement, et par conséquent fortement influencer sa réussite.

Attention

> *Il est à noter aussi que le processus même de choix d'un coach par un client ou par une organisation correspond souvent à l'idée que ces derniers se font à la fois de leur demande initiale et de l'objet politique d'une démarche de coaching.*

Par conséquent, le choix du coach s'inscrit au sein même du cadre de référence du client et peut inconsciemment servir à confirmer sa difficulté de mettre en œuvre un véritable changement avec un accompagnement centré sur ses enjeux.

Une équipe très relationnelle demande généralement de faire un travail de cohésion d'équipe avec un consultant relativement affectif et très compétent dans une approche plutôt centrée sur des développements dans la dimension relationnelle.

Dans un tel contexte, les enjeux de l'équipe consisteraient plutôt à faire un travail de coaching collectif dont l'objet serait centré sur la professionnalisation des interfaces opérationnelles. Ainsi, la mise en œuvre d'instruments de mesure individuels, centrés sur le respect des procédures et sur la contribution de chacun aux résultats collectifs, leur serait plus utile.

Il en découle que pour être conscient de la façon dont on peut se laisser instrumentaliser par un client, un coach peut ressentir des besoins de supervision. Au-delà de l'expression de ses propres besoins conscients, le lieu de supervision lui permettra souvent de situer ses propres enjeux inconscients et de prendre le recul salutaire par rapport au cadre de référence partagé avec ses clients. Qu'est-ce qui fait qu'un client particulier le choisit, lui ? Comment ce choix peut-il servir à confirmer leur cadre de référence commun ?

Voir aussi : *Contrat, Demande, Supervision.*

Entrepreneur

Terme de même étymologie qu'entreprise qui se réfère à la fois :

- à un profil ou une dynamique personnelle ;
- quelquefois à un style de leadership collectif.

Par définition, un entrepreneur sait prendre des risques. Il est résolument centré sur l'acquisition et la création de nouvelles richesses, voire sur la poursuite de nouvelles aventures de développement.

Sachant que les deux approches ne sont pas contradictoires, mais plutôt complémentaires, il est souvent utile d'opposer une dynamique d'entrepreneur centré sur l'élargissement d'un périmètre à une approche plus financière centrée sur la rentabilité du périmètre déjà acquis. Notoirement, les financiers reprochent aux entrepreneurs de prendre des risques inconsidérés avec l'argent des autres et de ne pas savoir suffisamment capitaliser sur l'acquis. Forts de leurs arguments, les financiers cherchent tout naturellement à encadrer les entrepreneurs. Au sein d'entreprises, cette démarche peut motiver des luttes de pouvoir et d'influence.

De leur côté, les entrepreneurs considèrent que si les financiers savent très bien rentabiliser une entreprise, ils oublient trop souvent de prendre en compte les réalités stratégiques, industrielles et humaines d'une organisation au profit des intérêts à très court terme des actionnaires ou des investisseurs.

En général, en période de crise les financiers prennent le pouvoir en faisant valoir leur stratégie défensive, alors qu'en période d'opportunité les entrepreneurs sont plus à même de reprendre l'offensive en assumant les risques nécessaires en vue de créer de nouvelles richesses. Il va de soi qu'un leader charismatique est plus souvent un entrepreneur qu'un financier.

Voir aussi : *Leader, Risque.*

Entreprise

Mot qui désigne à la fois :
* une entité morale qui représente une personne, une équipe ou une équipe d'équipes ;
* et une action, une aventure, un dessein, une opération qui comporte son lot de risques et de gains potentiels, et qui est généralement menée à moyen ou long terme.

Cet amalgame linguistique entre une entité et une action peut aider à différencier :

- une « organisation », beaucoup plus proche de la première définition et synonyme de structure plus ou moins statique et rassurante ;
- d'une « entreprise », beaucoup plus proche de la seconde définition et synonyme de projet collectif et de prise de risques à moyen et long terme.

Tenant compte de ces réflexions, une entreprise est en quelque sorte une équipe d'équipes véhiculant des projets qui, ensemble, constituent un métaprojet. Sachant que le mot « entreprise » désigne aussi une « *attaque ou une agression*[1] » et peut souligner un contexte concurrentiel et donc privé (cette connotation est absente de la définition des mots « organisation » et « projet »), bon nombre de personnes s'en méfient.

Attention

Le coaching d'entreprise ou d'organisation est encore un domaine à définir. Dans la pratique, lorsque ce terme est utilisé, il s'agit surtout de coachings d'équipes de direction suivis de coachings individuels et d'équipes subalternes.

Dans ce cas, il ne s'agit pas de coaching d'entreprise, mais de coaching *en* entreprise. L'enjeu des actions de coaching d'équipe de direction concerne souvent les transitions que vivent les entreprises que ces équipes dirigent. Ces actions au sein de l'équipe de direction sont utiles. Le coaching d'entreprise ou d'organisation concerne une pratique différente.

---

1. Petit Robert.

Le coaching d'entreprise a trait à l'accompagnement de très grands groupes de plus de cinquante personnes, tous issus de diverses équipes provenant de la même entreprise. Ce type d'accompagnement de grands systèmes implique généralement à la fois le comité de direction et de nombreuses équipes pertinentes au sein du même processus collectif. Par cette implication collective qui dépasse le seul comité de direction, le coaching d'entreprise permet la transformation plus rapide de systèmes beaucoup plus larges. De plus, le niveau de performance est souvent bien plus élevé que lorsque les organisations cheminent seulement au rythme de leurs comités de direction.

Équipe

Dans un contexte d'entreprise, l'équipe est la première entité collective humaine formellement structurée en système. Son niveau de complexité se situe exactement entre celui des individus et celui de l'ensemble de l'organisation. Par conséquent, une équipe est le premier cadre quotidien qui permet à une personne d'élaborer une perception de son entreprise. L'organisation plus large est un ensemble organisé d'équipes ou une équipe d'équipes.

Attention

> *La motivation d'un salarié, sa perception de l'entreprise, son engagement envers les résultats, sa satisfaction professionnelle, etc., sont intimement liés à la perception qu'il a des qualités de son équipe immédiate.*

Tout salarié ne perçoit son entreprise qu'à travers le prisme de son équipe directe. Par conséquent, c'est souvent au niveau de l'équipe qu'il est le plus efficace de traiter tous les facteurs de performance professionnelle.

Équivalente à la famille « nucléaire » dans la vie privée, il est utile de percevoir une équipe comme une organisation systémique ou une constellation d'individus dont l'existence est généralement justifiée par l'exploitation optimale de la valeur ajoutée issue des interfaces entre tous ses membres.

Comme une entreprise ou une organisation, une équipe peut être comparée à un système vivant relativement durable. De ce fait, elle manifeste :

- les conséquences de son histoire, à moins d'être encore en phase de constitution ;
- un projet ou des objectifs statutaires ou officieux, qui, au minimum, ont pour objet d'assurer sa propre pérennité ;
- une frontière externe relativement définie et respectée, à la différence d'un groupe plus informel dont la frontière serait plus poreuse ;
- des critères d'appartenance et d'exclusion qui établissent la différence entre les membres et les non-membres ;
- des règles du jeu ou droits et devoirs qui s'appliquent aux membres et éventuellement aux visiteurs ;
- au moins une frontière interne qui différencie le ou les décisionnaires, à la différence d'un réseau qui ne comporterait pas d'organes internes formellement différenciés ;
- des processus d'échange et de communication formels, internes et externes ;
- etc.

En entreprise, les équipes d'aujourd'hui ressemblent de plus en plus à des réseaux virtuels, sans géographie clairement définie ni structure formellement apparente. Le ciment principal d'un réseau réside dans le partage d'un esprit commun entre ses membres.

Attention

> *Ce type de structure collective relativement transparente pose de nombreuses difficultés d'adaptation aux personnes habituées à des ensembles collectifs beaucoup plus formels.*

Il est intéressant de constater que l'apparition et le développement du métier de coach sont concomitants du développement des équipes projets et autres structures virtuelles et en réseau. Ces deux phénomènes récents semblent être affiliés à l'esprit de la révolution de l'information et sont résolument centrés sur le développement de l'autonomie responsable des individus au sein de systèmes qui le permettent.

Voir aussi : *Groupe, Réseau, Révolution de l'information, Systémique.*

Erreur

Puisque dans la nature, rien ne se gagne ou se perd, l'erreur est la contrepartie indispensable de tout gain obtenu lors d'un processus d'apprentissage. Au sein des systèmes apprenants comme des organisations performantes, le droit à l'erreur accompagne le devoir d'apprendre, si ce n'est pas le contraire. En effet, nous ne faisons que les erreurs qui nous sont utiles pour apprendre les leçons qui figurent à notre ordre du jour.

Attention

> *La meilleure façon de limiter la croissance d'une personne ou d'un système serait de s'assurer qu'il ne fasse jamais d'erreurs, afin qu'il ne puisse en tirer ses propres enseignements.*

Dans le même ordre d'idées, la plus grande erreur est de prétendre ne jamais en faire, et un échec est une erreur dont on ne saurait tirer les enseignements.

En entreprise, les systèmes qui reposent sur un réel management de délégation favorisent la remontée d'informations sur les erreurs commises lors de prises d'initiative, accompagnées d'une information sur les actions mises en œuvre pour les corriger.

Les organisations plus classiques, ou qui prétendent être mieux gérées, concentrent leur management :

- sur l'application de nombreuses procédures de contrôle afin d'éviter de commettre des erreurs ;
- et par conséquent sur la limitation, voire l'éradication de toute forme d'apprentissage.

Ces systèmes plus directifs ou centralisateurs sont conçus sur le modèle de machines en héritant du cadre de référence de la révolution industrielle. Ils favorisent la diffusion détaillée et descendante d'informations et de consignes d'encadrement afin de limiter les prises d'initiative et de prévenir l'apparition d'erreurs. La prévisibilité et le contrôle sont très largement privilégiés. Paradoxalement dans ce dernier contexte, toutes les erreurs seraient de fait imputables à la direction, qui, malheureusement, n'en tire aucun enseignement. Quel échec !

Dictons du jour :

- « Chaque revers a sa médaille. »
- « Il faut se planter pour avoir une chance de s'enraciner. »

Voir aussi : *Apprentissage, Délégation, Paradoxe.*

Espace

Périmètre ou volume vide. Il est coutumier d'affirmer que l'espace du coaching appartient au client. Bien entendu, cela implique que le coach ne doit absolument pas occuper cet espace comme le ferait un formateur ou un consultant. L'espace d'un processus de coaching individuel ou collectif peut être conçu comme un environnement d'apprentissage et de croissance au sein duquel le client peut procéder à sa guise et à son rythme. À la périphérie de cet espace, comme un témoin attentif, se situe le coach.

Lorsque le client chemine vers son objectif, le rôle du coach est quelquefois tout simplement de veiller à respecter cet espace de croissance. C'est en cela aussi que le coaching ressemble souvent à un management de délégation. Le bon management de l'espace du coaching peut toutefois permettre au coach de mieux accompagner son client individuel ou collectif. Dans ce sens, le coach peut prêter une attention particulière à la salle où se déroule le coaching, à son agencement et son éclairage, au mobilier, aux positions de chacun, aux possibilités de déplacement au sein de la salle, à la frontière avec l'extérieur, à la confidentialité que le lieu permet, etc. Tous ces éléments, et d'autres, peuvent avoir une incidence non négligeable sur la relation et les résultats de l'accompagnement.

Il est à noter aussi que la notion d'espace est souvent associée au temps comme dans la notion d'espace-temps issue de la physique quantique ou la notion d'« ici et maintenant », si chère aux professionnels de la relation. Veiller à donner au client l'espace utile pour lui permettre de travailler sur l'atteinte de ses objectifs lui permettra d'apprendre à prendre le temps de trouver sa juste place. Cette dynamique rodée en coaching est progressivement intégrée par le client et reproduite dans le reste de sa vie personnelle et professionnelle.

Voir aussi : *Aspiration, Constellation, Délégation, Système, Témoin, Temps, Vide.*

Éthique

Sens de la morale de vie qui dépasse quelquefois les considérations déontologiques. Ces dernières ne restent qu'un ensemble de règles d'éthique professionnelle, liées à la pratique d'un métier.

Si le métier de coach repose sur un certain nombre de règles déontologiques, sa pratique avec des clients pose bien souvent un certain nombre de choix éthiques, qu'il peut être très important de savoir aborder et accompagner.

Voir aussi : *Déontologie.*

Expérience

Du latin *experiri*, « faire l'essai de ». Pratique, ou usage. L'expérience concerne tout ce que nous avons appris sur le terrain par un processus d'essais et d'erreurs, suite auquel nous avons tiré un enseignement.

Pour devenir un bon coach, il est nécessaire de savoir tirer parti de son expérience humaine et professionnelle, beaucoup plus que d'avoir emmagasiné une grande quantité de savoirs.

Voir aussi : *Accompagnement, Apprentissage, Erreur, Formation.*

Expert

Spécialiste dans un domaine clairement délimité. Il est coutumier d'affirmer qu'un coach n'est pas un expert. Cette expression mérite approfondissement. Il faut d'abord préciser que le métier de coach ne prétend pas remplacer l'utilité de spécialistes tels les médecins, les avocats, les psychologues, les notaires, les financiers, les formateurs, les consultants, les ingénieurs, etc. Deuxièmement, le coaching n'est pas un autre domaine de spécialisation qui serait équivalent à ceux cités ci-dessus. En effet, il n'y a aucun corpus scientifique ou théorique de connaissances spécifiques au coaching. Par conséquent, le coaching ne nécessite pas la création d'une nouvelle filière universitaire. Ce n'est qu'un métier.

Toutefois, un coach est potentiellement un spécialiste de l'accompagnement de toutes les personnes et de tous les spécialistes dans tous les autres métiers, lorsqu'ils souhaitent se centrer sur des problèmes ou des projets qui représentent des enjeux élevés. Ainsi, lorsqu'il est dit qu'un coach n'est pas un expert, c'est :

- d'une part, pour rappeler qu'il ne se substitue pas à l'expertise de son client ;

- d'autre part, pour évoquer qu'il pratique une approche systémique qui a pour caractéristique de tenir compte des interfaces qui traversent les frontières entre les expertises ;

- enfin, pour souligner qu'il ne se soucie pas tant du contenu des problèmes et ambitions des clients que des processus par lesquels ils abordent leurs enjeux plus profonds.

Le positionnement spécifique du coach et ses compétences de non-expert lui permettent souvent de faciliter l'émergence de solutions alternatives à celles propres aux perspectives d'experts.

Voir aussi : *Analyse, Apprentissage.*

Exploit

Genre de performance extraordinaire, mais ponctuelle, qui reposerait sur des facteurs exceptionnellement favorables, mais foncièrement aléatoires. Comme un « coup », un exploit reste bien souvent une réussite très difficile à reproduire. Par conséquent, s'il est toujours utile d'être disponible à l'émergent pour réaliser un exploit extraordinaire, le vrai succès à long terme consiste à se préparer de façon plus profonde pour réussir dans une stratégie de performance plus durable.

Par définition, le coaching individuel et d'équipe n'est pas centré sur la recherche d'exploits. Il est réputé accompagner les clients dans la préparation et la mise en œuvre de nouveaux comportements centrés sur une performance régulière et à long terme, telle qu'elle peut être mesurée par leurs résultats tangibles et durables.

Voir aussi : *Émergence, Risque.*

Externe

En opposition ou en complémentarité à « interne », comme pour un coach interne ou un coach externe. Puisqu'il est difficile d'être juge et partie prenante, le fait même d'appartenir à un système limite les perspectives que l'on peut avoir sur lui. Comment, en effet, comprendre ce qui nous comprend, ou encore comment saisir ce qui nous a saisis ?

Ce constat souligne la compétence presque automatique que peut avoir une personne extérieure à un système. Tout nouveau venu dans un environnement structuré peut proposer un œil neuf, un regard d'étonnement, une naïveté de questionnement, une perception originale. C'est le thème central du conte de fées *Les Habits neufs de l'Empereur.*

La perspective différente apportée par un regard vierge sur un service, une équipe ou une entreprise ne concerne pas que le regard d'un coach, mais aussi celui d'un nouveau salarié, d'un nouveau client, d'un nouveau fournisseur, d'un visiteur occasionnel. Cette perspective est aussi naturellement celle de formateurs, consultants et autres conseils externes.

Attention

> De nombreux coachs externes ne le sont que de nom ou de statut. Référencés par seulement une ou deux entreprises clientes, ils leur consacrent la majeure partie de leur temps et de leur attention.

Lorsqu'un fournisseur réalise une partie importante de son chiffre d'affaires auprès de seulement un ou deux clients, il risque de se retrouver rapidement en situation de subordination, sinon de dépendance. Cet état ne correspond en rien à la position d'externe ni au statut d'indépendant. Dans cette éventualité, la perspective stratégique liée à la distance d'observation peut être illusoire.

Les processus de référencement internes aux entreprises et pilotés par les DRH gagneraient aussi à être clarifiés, sinon modifiés. Il faut savoir si ces décideurs souhaitent réellement privilégier la diversité lorsqu'ils référencent des coachs externes. En effet, de nombreux systèmes de référencement privilégient une approche très limitée du coaching.

- Ils favorisent le coaching individuel en face à face, mais pas d'autres coachings tels le coaching en groupe, le coaching d'équipe ou d'organisation, le coaching téléphonique.
- Ils préfèrent quelquefois une seule école, une seule association professionnelle, une seule entreprise, un seul clan, voire un seul fournisseur.
- Ils aiment choisir des profils de coachs à leur image, soit excessivement relationnels, soit procéduriers, soit directifs, etc.
- Ils déterminent leurs choix en se basant sur un prix/horaire qui privilégie souvent la gestion de moyens et la quantité plutôt que l'ambition des objectifs, la qualité ou les résultats.

Ces critères de choix déterminent les résultats du processus de sélection et risquent de limiter la gamme de perspectives véritablement externes offerte à l'entreprise qu'ils représentent.

Voir aussi : *Interne*.

F

Feed-back

Formellement, en théorie de la communication, un feed-back désigne un processus interactif en boucle arrière, comme une rétroaction, un retour sur une communication ou sur une information reçue, souvent pour obtenir confirmation de l'exactitude du contenu. Ce serait une sorte de répétition ou de reformulation de quelque chose d'acquis.

La notion de feed-back est plus couramment utilisée pour délivrer l'expression d'appréciations positives et/ou négatives à une personne, une équipe ou une organisation. Le contenu de cette appréciation porte sur son travail, son comportement, ses résultats, son expression ou sa communication, etc. Pour être utile, ce type de feed-back gagne généralement à être accompagné de propositions concrètes d'amélioration.

Attention

> *Notez qu'en acoustique, le feed-back est un phénomène à l'origine du « Larsen » lors de boucles sonores entre un micro et un haut-parleur à proximité immédiate.*

Le micro capte l'émission du haut-parleur et la renvoie à l'amplificateur qui l'amplifie et par le haut-parleur, le rend au micro, en boucle jusqu'à émettre un son strident fort désagréable. L'équivalent est aussi observé au sein de relations relativement défensives sinon agressives, lorsqu'un feed-back verbal est donné sur un feed-back précédent, qui lui-même concerne un feed-back préalable, etc.

- « Je te perçois comme très défensif. »
- « Mais c'est toi qui m'as agressé. »
- « Mais c'est parce que tu ne communiques pas. »
- « Mais tu ne m'avais rien demandé. »
- Etc. (en boucles sonores de Larsen de plus en plus stridentes).

Il est à noter qu'en l'occurrence de ce type de phénomène d'informations rétroactives et synonyme de bruit, la communication n'avance pas ou peu, et les émotions dérapent.

Dans les métiers de la communication, et donc en coaching, un feed-back est l'équivalent d'une reformulation :

- il sert à aider un client à clarifier son propre propos ou ses actions ;

- il concerne le descriptif d'une information ou d'une perception telle qu'elle est reçue ou *perçue* par un récepteur, quelquefois par un observateur qui se veut « externe », ce qui revient au même.

Si un feed-back est lié à une perception, il est toujours interprétatif. Par conséquent, un feed-back se doit d'être émotionnellement neutre, sinon bienveillant, même si le mot est employé pour introduire une réaction positive ou négative à l'information reçue.

Attention

> *Lors de séquences de feed-back, un débat récurrent peut concerner la dose de positif ou de négatif que chacun projette sur l'information émise ou reçue, ce qui permet d'initier d'autres boucles de Larsen.*

Les feed-back performants proposent généralement un rapport de 50 % de retours positifs ou de soutien et de 50 % de propos critiques ou négatifs. Ce ratio est reconnu comme le plus productif en enseignement. En effet, trop de positif facilite la complaisance, trop de négatif provoque une démotivation. Ce rapport est en tous les cas le plus réaliste, puisque chaque médaille a son revers, et inversement.

Concernant la qualité de ces retours d'informations ou feed-back, il est entendu que l'on attend généralement des autres ce que l'on ne sait pas se donner soi-même, surtout en positif.

En coaching, si le soutien positif est utile, sinon indispensable, dans l'accompagnement du client, le coach procédera surtout par des questions qui ouvriront des champs de réflexion que le client aura omis d'envisager.

Voir aussi : *Apprentissage, Erreur, Perception, Reformulation.*

Feed-forward

Contraire proposé comme beaucoup plus productif qu'un feed-back. Il ne faut pas oublier qu'un feed-back ne concerne que l'action passée, comme le descriptif de la route que l'on peut apercevoir dans un rétroviseur. Cette information n'est pas toujours utile en ce qui concerne le parcours qui pourrait se dérouler devant le pare-brise ou dans l'avenir de l'interlocuteur. En formation comme en conseil, il est souvent nécessaire de proposer aussi des feed-forward, ou des conseils pour l'avenir.

« Dans l'avenir, lorsque tu approcheras un virage dangereux, je te propose de ralentir. »

Cette approche centrée sur la proposition de nouvelles perspectives, d'options ou encore de solutions dans l'avenir de l'interlocuteur remplace avantageusement l'échange de perceptions sur le passé. Cette attention portée sur l'avenir fait que le feed-forward est beaucoup plus en phase avec un cadre de référence de coaching ou une posture de coach.

Voir aussi : *Solutions.*

Finances

Étymologiquement proche de « finir » ou « *mener à fin, venir à bout*[1] ». Concerne les ressources financières ou l'argent considéré comme matière essentielle plus ou moins fluide, synonyme de liquidités. De même que le temps (« le temps, c'est de l'argent »), l'argent s'apparente à l'eau et sert principalement à alimenter, voire à arroser, et surtout finaliser des projets qui sans l'un ou l'autre n'arriveraient jamais à maturité.

Attention

La bonne gestion de l'argent ou des moyens financiers n'est pas un but en soi, mais une compétence essentielle qui,

---

1. Petit Robert.

comme le canal de Provence, sert à alimenter des personnes et arroser des plantes pour en assurer la croissance, voire la subsistance ou la vie.

Comme l'eau, l'argent fait quelquefois l'objet de bulles, de fuites, voire d'hémorragie, ou peut dormir, voire croupir, être gelé, filer entre les doigts, s'évaporer ou faire preuve de volatilité, faire l'objet de retenues ou encore servir à fructifier des projets, à supposer que les flux financiers permettent d'arroser au bon endroit. Plus récemment et dramatiquement au niveau mondial, nous avons aussi constaté qu'une gestion trop avide des finances peut provoquer une bulle à l'image d'une croissance cancéreuse qui, telle une pulsion de vie incontrôlée, finit par étouffer le corps qui l'héberge et la nourrit.

Attention

Malheureusement, les coachs professionnels ne sont pas tous très compétents dans la gestion de leurs propres ressources. Ils auraient une tâche aveugle relativement importante en ce qui concerne leur propre bonne gestion financière.

Ainsi, afin d'assurer la réussite durable de ses clients individuels ou collectifs, il est utile pour un coach de prêter une attention toute particulière à la bonne santé de leurs flux financiers, c'est-à-dire à la gestion professionnelle de leurs ressources et de leurs dépenses.

Dicton : « Plaie d'argent n'est pas mortelle. » (Sauf pour les grosses coupures.)

Voir aussi : *Argent, Temps.*

Fluidité

Capacité à se mouvoir, contraire de rigidité. Capacité de mobilité, d'agilité et d'échange nécessitant souvent une bonne dose d'engagement, d'ouverture à la diversité et de générosité. Comme pour l'alimentation en eau d'une grande ville, le principe de fluidité est central pour assurer le bon fonctionnement de tout système organisé en réseau.

Attention

Il arrive qu'une trop grande fluidité se transforme en volatilité.

Voir aussi : *Circularité, Émergence, Finances, Réseau, Transversalité.*

Formation

Un vrai « fromage », si l'on mesure les sommes dépensées en France dans le domaine de la formation continue. Pour preuve, le mot vient de *forma* (latin) ou *formos* (grec), pour le moule qui sert à confectionner le fromage.

La formation est fondamentalement une démarche qui propose un moule. Elle consiste à formaliser, formater ou encore donner une forme, un cadre ou une structure à une expérience jusque-là informelle et peu structurée. Par conséquent, pour pouvoir bien se former, il faut de l'expérience ou un apprentissage pratique auquel une forme peut être donnée.

Attention

Il va de soi que si l'apport d'une forme aide à structurer notre expérience, elle peut aussi l'inscrire au sein d'un cadre de référence potentiellement limité.

L'accompagnement d'un coach sert souvent à aider le client à modifier le cadre limité au sein duquel il perçoit le potentiel de son expérience. Ainsi, si la formation propose généralement des formes conceptuelles pour structurer l'expérience acquise, le coaching tend plutôt à remettre en question ces formalisations pour libérer le potentiel intrinsèque du client. C'est, entre autres, pour cela que le coaching n'est pas de la formation. En comparaison à la formation, l'apprentissage concerne plutôt l'acquisition d'un savoir-faire jusque-là non pratiqué. L'apprentissage est beaucoup plus centré sur l'apport de situations ou d'environnements pratiques qui permettent à l'apprenti d'acquérir une compétence ou un savoir-faire.

Il est relativement difficile d'apprendre à nager à quelqu'un qui n'a aucune expérience de l'eau. Pour réellement apprendre, concept lié à l'apprentissage, il est utile de se jeter à l'eau.

Il s'ensuit que pour être efficace, la formation à de nouvelles habitudes de communication repose presque obligatoirement sur un apprentissage comportemental par une expérimentation active. Cela est vrai pour l'apprentissage du coaching. Celui-ci est souvent difficile pour des professionnels d'autres métiers car il leur faut d'abord désapprendre de nombreux réflexes comportementaux et lâcher des cadres de référence acquis avant de pouvoir réellement apprendre à pratiquer ce nouveau métier.

Il est souvent dit et répété que la formation n'est pas du coaching. En effet, un coach ne professe pas. Il ne propose pas de solutions. Mais lorsque les lieux de formation s'évertuent à donner aussi à l'élève un espace d'apprentissage protégé au sein duquel il peut s'épanouir et s'accomplir, alors les deux métiers peuvent être relativement proches. Il est concevable que le développement du coaching dans la société actuelle permette à terme un recentrage de la formation vers une pédagogie d'apprentissage beaucoup plus active, plus respectueuse des étudiants et, espérons-le, bien moins théorique.

Voir aussi : *Accompagnement, Apprentissage, Erreur, Risque.*

Frontières

Limite extérieure. Zone apparemment inhabitée ou *no man's land* entre des ensembles clairement identifiables, sinon identitaires. Les frontières sont des zones d'échanges et de trafics en tout genre, de métissage, d'immense créativité entre deux ensembles qui pourtant s'évertuent à se différencier.

Formellement, la frontière externe d'un système tel qu'une équipe ou une organisation est à l'image de la membrane d'une cellule biologique ou de la peau d'un être vivant. Elle indique sa limite extérieure. Elle inclut ce qui lui appartient, elle exclut ce qui lui est indésirable. Comme pour la peau d'un individu, la frontière externe d'un système est non seulement poreuse, mais elle offre à l'environnement, dont le coach, un bon nombre d'indicateurs sur la santé intrinsèque du système ou sur son potentiel d'échange et de performance.

Il est conseillé d'observer la gestion des frontières d'un pays, d'une entreprise, ou d'une équipe en réunion, pour en évaluer la culture, la cohérence, la rigueur, la rigidité, l'ouverture, l'efficience, la transparence, la capacité de communication et de développement, la qualité des interactions, etc.

Bien entendu, toutes ces informations sont aussi perçues de façon intuitive, sinon minutieusement observées et analysées, voire interprétées, par l'ensemble de l'environnement immédiat du système.

Les frontières internes d'un système séparent les différents organes du système les uns des autres. La frontière interne principale ou majeure d'un système en distingue l'organe de direction.

Le noyau d'une cellule, les parents au sein d'une famille, le comité de direction d'une entreprise, la capitale ou le gouvernement d'un pays.

Lorsque l'on développe une pratique de coaching systémique, la notion de frontière perçue comme un mur ou comme une séparation disparaît peu à peu. Elle laisse la place à la perception d'un autre genre de zone interactive beaucoup plus énergétique et signifiante par son activité inventive, centrée sur des interactions créatrices de valeur ajoutée.

Voir aussi : *Équipe, Interface, Noyau.*

G

Gagnant

L'expression sert à décrire deux types de réussites, selon les règles du jeu ou le cadre de référence environnant. Dans les jeux à somme nulle comme celui, bien nommé, des échecs, un gagnant est celui qui obtient un résultat qui dépasse ceux des autres qui, de fait, seront reconnus comme perdants. Dans les autres jeux et interactions créateurs de richesses, comme dans le cadre de commerces développés sur des marchés ouverts où l'échange enrichit tout le monde, il peut souvent n'y avoir que des gagnants, d'où l'expression anglaise de « *win-win* » ou de relation gagnant-gagnant.

• Il fut un temps où tous les hôteliers d'une ville de province collaborèrent ensemble et avec leur environnement local afin de développer leur marché hôtelier. Ils réussirent rapidement à attirer une clientèle touristique qui permit aussi à tous les autres commerces de la ville de prospérer.

• Ailleurs dans une autre ville du nord de la France, d'autres hôteliers, pourtant tous partenaires du même groupe international, se livrèrent à une guerre tarifaire sans merci pour chacun s'attirer un nombre décroissant de clients, peu à peu repoussés par l'ambiance locale peu amène à la collaboration en affaires.

En totale cohérence avec le cadre de référence du coaching, il est de plus en plus admis qu'une croissance soutenue pour n'importe quel système apparemment restreint ne peut se concevoir que dans un contexte de collaboration durable. Celle-ci consiste à développer de la richesse avec son environnement, sans que ce dernier ait à en payer les pots cassés.

Voir aussi : *Jeu, Transversalité.*

Génétique

Vient du grec *gennetikos* qui veut dire « propre à la génération » et, en philosophie, qui concerne une « genèse ». En biologie comme dans son sens courant, il s'agit souvent du siège de l'hérédité qui résiderait au sein de nos gènes. À l'heure des OGM ou « organismes génétiquement modifiés », il est utile de reconsidérer notre cadre de référence concernant la conception quelquefois déterministe que nous pouvons avoir de nos héritages, quels qu'ils soient.

La science moderne qu'est la biotechnologie est une nouveauté dont l'essor est presque concomitant de celui du coaching. Elle stipule que nous pouvons aujourd'hui modifier intentionnellement et en mieux des influences génétiques structurantes que nous percevions précédemment comme déterminantes, sinon propres à nous limiter.

Attention

La génétique situe l'hérédité dans le noyau de la cellule biologique au sein de l'ADN. La fonction de cet ADN est d'assurer la pérennité de l'acquis ou l'héritage.

Si l'équivalent du noyau d'une cellule biologique en entreprise est son comité de direction, il en découle que la fonction première de cette instance est fondamentalement homéostatique, sinon conservatrice. Sa fonction serait d'assurer la pérennité de l'acquis, et non la planification de son évolution. Cela semble diamétralement opposé à la croyance communément admise selon laquelle c'est surtout l'équipe dirigeante d'un système qui en pilote le changement. Plus couramment, il semblerait que le changement soit d'abord provoqué par l'environnement, ensuite accepté, voire expérimenté, par des sous-ensembles situés à la périphérie des systèmes, et enfin adopté par la direction.

Paradoxalement, si la direction générale de beaucoup d'entreprises affirme haut et fort qu'elle pilote le changement, c'est surtout pour en être le point de passage obligé, et ainsi pouvoir le contrôler, voire le limiter. La fonction conservatrice de l'ADN pourrait expliquer l'obsession de beaucoup de directions générales à surtout piloter le contrôle des entreprises qu'elles affirment diriger.

Toujours est-il que le coaching ne porte pas beaucoup d'attention à l'héritage d'un système, partant du principe qu'il s'agit de moyens hérités du passé. Quel que soit l'héritage d'une personne ou d'un système, ce qui compte pour un coach est de savoir ce qu'il veut en faire dans le présent afin de réussir à atteindre ses objectifs, voire à réaliser de nouvelles ambitions dans l'avenir.

Le métier de coach considère qu'à tous les niveaux d'une organisation, des personnes et des équipes peuvent décider de remodeler leur avenir en prenant de nouvelles initiatives afin d'atteindre des résultats inespérés. Lorsque cette dynamique est mise en œuvre, il est possible de constater que le changement du système, voire sa transformation génétique, peut être initiée par l'ensemble du système, c'est-à-dire à partir de n'importe laquelle de ses parties constituantes, et non seulement par le noyau.

Voir aussi : *Frontières, Héritage, Moyens, Noyau, Marge, Révolution.*

Géométrie

Il est utile pour un coach systémique d'avoir quelques notions de la géométrie des systèmes afin de comprendre en quoi un tout est d'une nature totalement différente de la somme des parties qui le composent, surtout lorsque nous les étudions individuellement ou séparément.

Considérons que l'équivalent d'une entité individuelle est comme un point sur cette page. L'ajout d'un autre point permet de définir un nouveau système dont l'interface serait une ligne directe entre les deux points.

La nature d'une ligne est totalement différente de celle de chacun des points pris séparément ou individuellement. Cela correspond à une première valeur ajoutée issue de l'interface entre les deux points. Si l'on ajoute un troisième point sur la même page et l'intégrons au système par de nouvelles interfaces, nous obtenons subitement une surface à deux dimensions qui change radicalement la nature et le potentiel du système précédent. Le triangle ajoute l'espace qui manquait à la relation bipolaire qui caractérise l'interface relativement simple entre les deux points.

Au-delà d'une polarité simple, au sein d'un espace comme un triangle, la richesse des interfaces gagne en complexité. Cette richesse est d'ailleurs évidente lorsque l'on étudie des concepts comme le triangle dramatique, le contrat triangulaire et la notion de triangulation en approche systémique. De la même façon, l'ajout d'un quatrième point au système qui commence à nous intéresser peut permettre la création d'un volume. La figure la plus parfaite en serait le tétraèdre, ou la pyramide triangulaire. L'apparition du volume par l'ajout d'un seul nouvel élément au sein d'un système plat est encore un autre bond extraordinaire dans sa nature et son potentiel.

En ajoutant un seul point à un triangle, nous en créons trois autres et tout le volume que cette figure comprend. Cette figure devient alors un solide à trois dimensions, ce qui lui permet de gagner en hauteur et en profondeur. La richesse et la complexité des interfaces au sein d'un volume dépassent largement ce qui est possible sur un espace plat. Vu sous cet angle, il est difficile de se limiter à une vision purement arithmétique du potentiel de nos équipes et entreprises. En effet, la valeur ajoutée potentiellement issue des interfaces efficaces au sein d'un simple réseau de seulement douze personnes est déjà incommensurable.

Voir aussi : *Constellation, Systémique.*

Glocal

Raccourci linguistique issu de « global » et de « local ». Néologisme systémique appliqué au contexte de la mondialisation. Ce concept stipule que s'il est utile de développer une conscience globale dans le sens anglo-saxon du terme, c'est-à-dire en tenant compte de la terre entière comme d'un ensemble indivisible, il faut aussi se souvenir que pour être efficaces, les actions pertinentes doivent impérativement être menées au niveau local, et de façon souvent très personnelle.

Pour résoudre un problème écologique, il est utile de l'analyser dans toutes ses répercussions internationales, et, parallèlement, il est indispensable que tout un chacun agisse et réagisse localement, au sein de son environnement immédiat, de façon responsable et appropriée.

Cette précision sur la nécessité d'actions locales permet à chacun de prendre des responsabilités personnelles et de commencer tout de suite à agir dans son environnement immédiat.

Attention

> La prise de conscience de problèmes mondiaux sans la mise en œuvre d'actions locales positives et pertinentes ne peut qu'exacerber la révolte contre les dirigeants et le rejet des voisins.

L'action locale est souvent la seule que l'on puisse contrôler. Elle permet de ne pas se replier de façon défensive sur l'impression que l'on est dépassé par les événements. Bien entendu, cela repose aussi sur un cadre de référence de responsabilité personnelle lorsqu'il s'agit de passer à l'acte. Les habitudes mentales issues du passé nous poussent souvent à croire que si un problème apparaît à un niveau international, c'est aussi à ce niveau de généralisation qu'il faut concevoir et mettre en œuvre sa solution.

Une stratégie « glocale » est couramment déployée lors de coachings individuel, d'équipe et d'organisation. C'est l'application de la règle de subsidiarité qui veut que les meilleures solutions à des problèmes collectifs soient bien souvent découvertes et mises en place à des niveaux subalternes. Évidemment, ce cadre de référence suppose aussi une bonne culture de délégation responsable.

Au grand désespoir des instances dirigeantes souvent portées sur la centralisation, il est paradoxalement constaté qu'une stratégie d'actions locales, décentralisées et moins normées, a beaucoup plus de chances de réussir.

Voir aussi : *Autonomie, Délégation, Mondialisation, Paradoxe.*

Groupe

Ensemble collectif relativement informel. En approche systémique, un groupe est à l'image d'un attroupement collectif dont la définition et les critères d'appartenance sont vagues et souples. Sa nature est plus informelle qu'une équipe, une famille ou un réseau. Ces derniers demandent plus d'engagement individuel, et leurs définitions sont plus précises, sinon contractuelles. En général, nous ne faisons partie de divers groupes que passagèrement et presque accidentellement. Nous n'attachons que peu d'importance :

- à leur pérennité ;
- à leur objet ;
- à la définition et la gestion de leurs frontières ;
- à l'atteinte de leurs objectifs ;
- à l'élaboration et au respect de leurs critères d'appartenance, leurs modes opératoires ou leurs règles du jeu ;
- à la définition et la mise en œuvre de leur processus de décision ;
- etc.

Habituellement, les équipes, et dans une moindre mesure les réseaux, sont des systèmes plus formels, et ne sont par conséquent pas des groupes. Toutefois, au sein de notre réalité quotidienne, lorsque certaines équipes sont observées par un ethnologue, un consultant ou encore un coach ils pourraient avoir beaucoup de difficulté à distinguer celles-ci d'un groupe.

En entreprise, un groupe désigne aussi un ensemble d'entreprises superficiellement réunies par des liens juridiques et financiers, qui chacune œuvre à jalousement préserver son indépendance. Par conséquent, elles n'arrivent que rarement à véritablement capitaliser sur la valeur ajoutée potentiellement issue de leurs interfaces.

Par exemple : l'Europe.

Il serait utile d'envisager qu'avec l'accompagnement de coachs, certains groupes ou holdings purement financiers puissent devenir de véritables systèmes opérationnels dont les interfaces plus performantes seraient créatrices de valeur ajoutée dans des dimensions autres que purement juridiques ou capitalistiques.

Voir aussi : *Alliance, Équipe, Réseau, Systémique.*

H

Hasard

De l'arabe *Al zahr* pour le « dé ». À ce qu'il paraît, le hasard est l'habit que revêt Dieu lorsqu'il nous rend visite sur terre. En tous les cas, cette définition semble aussi juste qu'une autre. Pour soutenir cette hypothèse, le mot est homonyme d'El Azhar, nom d'une mosquée au Caire qui est le centre spirituel pour une branche importante du monde musulman. Pour le commun des non-croyants, le hasard est une sorte de concept poubelle qui sert à classer sans trop de réflexion les phénomènes dont le sens profond lui échappe, ou surtout qui pourraient le déranger.

Puisque le coaching figure parmi les approches qui privilégient l'émergent, le hasard y fait généralement bien les choses. Souvent un coach et son client se choisissent judicieusement, le temps et le rythme du coaching sont appropriés, les thèmes et les solutions qui apparaissent sont justes, et, bons ou mauvais, les résultats sont toujours probants parce que riches d'enseignements.

Voir aussi : *Coïncidence, Émergence, Synchronicité*.

Héritage

Ressources ou compétences léguées, issues de notre histoire. Ce mot évoque souvent l'importance démesurée que l'on accorde au passé et à son influence lorsque l'on est peu inspiré par le présent et que l'on manque d'imagination pour se créer un nouvel avenir. C'est ainsi que d'énormes héritages peuvent être dilapidés, alors que, depuis toujours, si nous n'avons pas d'héritage issu du passé, il suffit de commencer à se le créer pour l'avenir.

Il est possible à quarante ans de regretter de ne pas avoir reçu assez d'éducation pour faire face aux exigences de la vie, comme il est possible à cinquante ans de s'inscrire à une école de commerce pour mieux se préparer à réussir une toute nouvelle ambition.

Centré sur le présent, et surtout sur l'avenir des clients, le coaching fait souvent peu de cas des héritages du passé. En cela, le coaching peut être considéré comme une approche résolument existentielle.

Au sein des entreprises, il est utile de mesurer le temps nécessaire aux réunions et analyses approfondies qui servent à mieux comprendre, expliquer, voire décortiquer des événements passés.

La raison très logique souvent avancée est qu'il faut intimement savoir comment on a échoué pour savoir comment on pourrait réussir. C'est comme s'il fallait très bien savoir comment on a failli se noyer pour apprendre à nager comme un champion.

Dicton écologique : « Autant que notre passé, c'est notre avenir qui détermine notre présent. »

Voir aussi : *Analyse, Expert, Génétique.*

Hermès

Au sein du panthéon des dieux grecs, Hermès est le dieu de la communication. Conscient que la communication portée par le verbe cache autant qu'elle n'affirme ou ne révèle, Hermès est aussi le dieu du paradoxe. D'où le mot « hermétique » pour qualifier ce qui, en communication et comme dans le mythe de Babel, est incompréhensible ou inaccessible.

Pour appuyer sa dimension foncièrement paradoxale, Hermès est en outre le dieu des voyageurs comme celui des voleurs qui détroussent les voyageurs. Il est le seul dieu grec capable d'aller en enfer comme au paradis, et d'en revenir. Comme la communication, Hermès est partout chez lui. Chez les Romains, il devient Mercure, très cher protecteur des alchimistes. S'il est sans conteste le dieu de la transformation, il est sans aucun doute celui des coachs.

Voir aussi : *Mots, Paradoxe*.

Holistique

Cadre de référence systémique selon lequel la structure et les processus essentiels d'un ensemble indissociable ou d'un tout peuvent être perçus au sein de chacun de ses sous-ensembles, de chacune de ses parties constituantes.

Dictons :
* « Observez de près un grain de sable et vous y découvrirez l'univers. »
* « Tout est dans tout, et inversement. »

L'approche holistique, quelquefois appelée « holographique », est relativement proche d'un modèle génétique selon lequel les structures, les stratégies et les interfaces au sein d'un même système organisationnel seraient fidèlement reproduites à l'identique au sein de ses différentes parties constituantes pour être reconnaissables, voire prévisibles. Les techniques modernes de clonage partent aussi du principe équivalent qu'à partir d'une cellule, nous pouvons reproduire à l'identique l'ensemble d'un organisme vivant.

• Analysez les interfaces au sein de n'importe quelle équipe dans une quelconque entreprise, et vous y retrouverez avec une précision confondante la qualité des interfaces perceptibles au sein de son comité de direction.

• Remarquez les processus et le contenu d'un entretien d'embauche ou d'achat si vous êtes fournisseur, et vous saurez comment se déroulent les interfaces internes à l'entreprise concernée.

• Examinez les processus et les résultats d'une réunion d'équipe pendant une heure, et vous saurez comment cette équipe fonctionne par ailleurs, par exemple au cours de la conduite d'un de ses projets principaux.

• Observez les processus et les résultats d'une réunion de comité de direction sur une demi-journée, et vous pourrez faire le diagnostic de l'efficacité et de la performance de l'ensemble de l'entreprise que ce comité dirige.

Au-delà de la simple observation de phénomènes reproduits presque à l'identique au sein d'un même ensemble organisationnel, l'approche holistique permet au coach d'entreprise d'élaborer des stratégies d'intervention de type « viral » qui peuvent faciliter de profondes mutations au sein de l'ensemble du système, et cela en un temps record.

Voir aussi : *Génétique, Noyau, Systémique.*

Humour

L'humour a une place importante au sein des stratégies de coaching par sa capacité à créer un changement important et immédiat dans la perspective du client.

Attention

> *Ne pas confondre avec l'ironie, le sarcasme, l'humour noir et différentes formes de disqualification des personnes ou des situations.*

Bien utilisé, l'humour peut avoir sa place lorsqu'un client est face à une situation dramatique ou émotionnellement intense. Un brusque changement de contexte provoqué par le coach ou l'évocation d'une option farfelue qui permet de rire de la situation facilitera une prise de distance salutaire pour le client. Cela l'aidera à envisager sa situation autrement.

L'humour peut aussi servir la même fonction de prise de recul dans la résolution de problèmes professionnels bien moins dramatiques, et jouer un rôle central dans la consolidation de la relation avec le client.

Voir aussi : *Paradoxe, Spirituel.*

Hypothèse

Du grec *hypo* pour « dessous », et « thèse ». Une thèse sous-jacente. Proposition provisoirement admise comme une assomption ou une conjecture, en attendant sa confirmation ou sa vérification.

En coaching, de nombreuses questions puissantes peuvent reposer sur des prémisses hypothétiques. Elles proposent d'abord au client d'accepter un postulat. Celui-ci a pour objectif de provoquer un changement de perspective par un déplacement dans le temps, dans l'espace ou au sein d'une situation analogique. Lorsque le client s'est engagé dans la nouvelle perspective proposée par le changement hypothétique, le coach peut alors lui « servir » une question opérationnelle.

- « Si vous vous projetez trois ans en avance dans le temps, comment êtes-vous installé dans votre nouvelle profession ? » Après une description détaillée fournie par le client, le coach demande : « Que pouvez-vous faire demain pour commencer à évoluer dans ce sens ? »
- « Si vous deviez traiter l'équivalent de ce problème familial dans votre entreprise, comment vous y prendriez-vous ? »
- « Si vous aviez l'inconscience de vos vingt-cinq ans pour envisager cette transition, que feriez-vous immédiatement ? »

Ces hypothèses, qui proposent des changements de perspective, ont pour unique but d'aider le client à prendre du champ par rapport à la perception limitée qu'il entretient dans la situation réelle, au temps présent.

I

Identité

Au-delà de ce que l'on fait, conscience de qui l'on est. Pour le coach, un accompagnement individuel, d'équipe ou d'entreprise consiste à respecter l'identité du client afin de lui permettre de se développer de façon durable dans toutes ses dimensions essentielles, et non seulement dans ses capacités à faire.

Une personne associe souvent son identité à son cadre de référence, lui-même fortement influencé par son passé. Il est utile pour un coach de mettre dans la balance et face à cet héritage quelquefois pesant une conscience aiguë du potentiel personnel inexploité, porteur de résultats dans l'avenir. Ce faisant, un coach aide ses clients à s'identifier à leur potentiel, et non seulement à leur histoire.

Illusion

Erreur de perception qui concerne sans doute tout ce que l'on perçoit. Aberration ou mirage. C'est un mot qui sert bien souvent à disqualifier la validité d'une perception, généralement celle d'autrui, et par conséquent à en survaloriser une autre, par exemple la sienne, que l'on considère comme bien meilleure.

Voir aussi : *Perception, Projection.*

Imposture

Sentiment d'incompétence plus ou moins conscient et relativement justifié chez les débutants lors de leur apprentissage dans n'importe quel domaine.

Un sentiment d'imposture est généralement ressenti lorsqu'une personne accède à un ensemble de nouvelles responsabilités, à un nouveau poste, à un nouveau métier.

Souvent, en formation ou en accompagnement par un coach, une demande d'aide au développement des compétences formulée par un client individuel ou collectif est motivée par un sentiment d'imposture accompagné d'un manque de confiance en soi. Ce sentiment est habituellement lié à l'inadéquation perçue entre les capacités acquises par le passé et les exigences de nouveaux enjeux ou d'un nouveau métier au sein d'un nouvel environnement.

Le sentiment d'imposture est aussi connu des débutants et moins débutants en coaching, et dans les autres métiers d'accompagnement, dans la mesure où les succès de ces professionnels reposent principalement sur les capacités de leurs clients à se remettre en question et à mettre en œuvre des actions centrées sur leur réussite.

- Question : « Combien de coachs faut-il pour changer une ampoule ? »
- Réponse : « C'est sans importance. Il faut surtout que l'ampoule veuille bien changer. »

Il est à envisager que le sentiment d'imposture d'un coach disparaisse au fur et à mesure qu'il développe un peu d'humilité. En management comme en coaching, comprendre et assumer la puissance d'une réelle relation de délégation qui repose sur la confiance en l'expertise de ceux que l'on encadre ou que l'on accompagne peut nécessiter de nombreuses années de pratique. En coaching, c'est la réussite du client qui assure celle du coach, comme c'est celle d'une équipe qui assure le succès durable de son leader. C'est rarement le contraire.

Voir aussi : *Compétences, Délégation, Leader, Leadership.*

Indicateur

En entreprise, un symptôme, une mesure ou un révélateur de la présence de quelque chose d'autre. Les indicateurs sont souvent des difficultés, des inconforts ou des problèmes que présentent ou mentionnent des clients individuels ou collectifs lorsqu'ils demandent de l'aide à des experts ou sollicitent l'accompagnement de coachs.

En approche systémique, les indicateurs révèlent indirectement des enjeux plus profonds qui reposent sur un cadre de référence contraignant et dont les clients commencent à percevoir les limites.

• Un « problème » de gestion du temps n'est souvent qu'un symptôme d'incapacité à déléguer à titre individuel et au sein d'un environnement contrôlant. Il est aussi un indicateur de la difficulté à trouver sa juste place.

• Un « problème » de capacité à prendre des décisions n'est souvent qu'un symptôme individuel ou collectif de manque de confiance en soi ou en l'environnement. Au niveau collectif, il fait souvent partie d'un cadre de référence excessivement analytique.

• Du coaching « prescrit » à un collaborateur par la hiérarchie peut être un indicateur de carence de compétences d'encadrement de cette même hiérarchie.

Un coach systémique doit prêter attention à un indicateur juste pendant le peu de temps utile pour rassurer le client et préparer une stratégie d'intervention. Pour être efficace, cette dernière se doit de cibler l'ensemble du système environnant qui produit les indicateurs.

Voir aussi : *Bouc émissaire, Maladie, Problème, Symptôme.*

Indicateur (bis)

En entreprise, un « indicateur » est généralement une mesure indirecte et partielle de l'atteinte d'un objectif plus conséquent.

La réduction de 50 % des lettres de réclamation envoyées par les clients peut être un indicateur d'une amélioration de la qualité.

Il est à noter que les indicateurs privilégiés au sein de systèmes et la précision de leurs instruments de mesure permettent de situer le cadre de référence réel d'une entreprise.

Attention

Il est souvent possible d'agir sur les instruments de mesure afin de modifier les résultats affichés par des indicateurs, en perdant de vue l'objectif plus fondamental.

Beaucoup d'entreprises affichent se préoccuper de façon égale de leurs actionnaires, de leurs clients et de leur personnel. La mesure de leurs résultats financiers se fait toutefois au quotidien, celle de la satisfaction de leurs clients peut-être tous les quelques mois, et les enquêtes d'opinion de leur personnel au mieux tous les six mois. Au-delà des affirmations politiques, le rythme de mise en œuvre de leurs instruments de mesure est un indicateur qui souligne où résident leurs vraies priorités.

• Questions : « Quels indicateurs, autres que financiers, peuvent témoigner de la réussite durable d'un manager, d'une équipe ou d'une entreprise ? Comment obtenir des mesures au quotidien ? Comment s'assurer que ces indicateurs sont rigoureusement infalsifiables ? »

Voir aussi : *Culture, Hermès, Mots.*

Individu

Un être ou une personne. Issu de « indivisible ». Tenant compte d'une approche systémique, il nous reste à préciser s'il s'agit de l'indivisibilité de la personne en tant que telle ou, au contraire, de l'indivisibilité de la personne par rapport à tout son environnement interne, externe et temporel, comprenant à la fois son histoire et son potentiel en développement.

Pour être précis, un regard systémique sur un individu tient compte de l'ensemble de son contexte, de son cadre de référence ou de son milieu, de ses interfaces avec son environnement, de son évolution dans le temps, etc. C'est de cet ensemble, qui peut être considéré comme indivisible, dont un coach tient compte lorsqu'il accompagne un client individuel ou collectif.

Voir aussi : *Identité, Systémique.*

Individualisme

Culte du « chacun pour soi » dont le prototype est illustré par la stratégie des *traders* financiers centrés sur l'accumulation de gains à court terme et dont les conséquences ont provoqué le krach financier mondial de 2008. Par opposition à cet individualisme exacerbé, l'approche collective semble beaucoup plus responsable et plus durable.

Attention

> *Les esprits chagrins taxent le coaching de démarche d'individualistes centrés sur le développement de leur réussite individuelle.*

Il faut savoir qu'aucune réussite ne peut reposer que sur un seul individu. L'approche résolument pratique et systémique du coaching tient compte de l'ensemble de l'environnement des clients individuels et collectifs sans le concours duquel ces derniers ne pourraient durablement réussir.

Voir aussi : *Constellation, Gagnant, Transversalité.*

Information

En approche systémique et selon J.-A. Malarewicz, une information est « *une différence effectuée par un émetteur qui provoque une différence chez le récepteur*[1] ». Par conséquent, une information est une forme d'énergie qui valorise le potentiel des interfaces et modifie l'état du récepteur. Paradoxalement, une rétention d'information peut aussi influencer l'état relatif du récepteur potentiel lorsqu'une personne n'est pas informée au sein d'un contexte enrichi par des informations. Cet effet de l'information ou de la communication prouve que « *toute information est manipulation*[2] » dans la mesure où elle permet de changer, remodeler ou déplacer le récepteur.

---

1. Propos recueillis lors d'une formation avec lui il y a plus de dix ans.
2. Propos aussi originaire de formations avec J.-A. Malarewicz.

Puisque le coaching est une approche qui repose sur la communication avec le client au sein d'une relation d'accompagnement solidement ancrée dans la confiance réciproque, il est évident que tous les échanges entre un coach et son client sont à même de provoquer leurs évolutions.

Au sein des entreprises modernes, la valeur issue des échanges d'information à l'origine de l'élaboration de leur culture ou de leur intelligence collective supplante peu à peu la valeur des échanges des biens et services physiques qu'elles distribuent.

Voir aussi : *Bruit, Silence.*

Innovation

L'art de faire du neuf avec du vieux, en modifiant les interfaces au sein et entre des ensembles. L'innovation consiste en effet souvent à faire totalement autrement avec ce que l'on a déjà.

Une personne ou une entreprise qui réussit n'en fait pas plus qu'une autre qui galère ou qui échoue. Elle fait tout simplement autrement.

L'innovation et la réussite appartiennent donc à ceux et celles qui savent transformer leur cadre de référence pour voir et saisir des opportunités là où les autres ne perçoivent que du quotidien, voire des difficultés à éviter.

Il est aussi à noter que les grandes découvertes sont issues des interfaces entre les compétences des personnes qui savent travailler en équipe et dans la diversité. Pour savoir innover ou « sortir du cadre » et créer du nouveau, il est recommandé de s'ouvrir à l'autre en acceptant le dialogue, voire d'accueillir l'influence de ce qu'il peut apporter d'original.

Attention

> *Compte tenu de cette observation, il est déplorable de constater à quel point les organisations de recherche sont conçues par silos hermétiques.*

Bien entendu, le rôle du coach consiste à accompagner des transformations de cadre de référence chez ses clients. Par conséquent, le coaching est fondamentalement un métier de catalyseur d'innovations.

Voir aussi : Breakthrough, *Dialogue, Interface, Moyens*.

Intelligence

Comme pour l'« intelligence économique », qui est une expression pudique pour parler de l'espionnage industriel. En coaching, le mot est récemment associé aux émotions, d'où le nouveau concept d'« intelligence émotionnelle », particulièrement à la mode dans les milieux de la communication et de la relation.

Sans en privilégier l'une ou l'autre déclinaison, il peut être affirmé que l'homme dispose de plusieurs formes d'intelligence. Nous pouvons donc imaginer que nous serons tôt ou tard assaillis par de nombreuses approches conceptuelles, centrées sur le développement de l'intelligence relationnelle, l'intelligence corporelle, l'intelligence intuitive, l'intelligence conceptuelle, l'intelligence spatiale, etc. En ce qui concerne les clients professionnels, il faudra aussi envisager leur intelligence entrepreneuriale, leur intelligence de situation, leur intelligence de vision, etc. De toute évidence, il y a de quoi nourrir des effets de mode pendant encore quelques décennies.

Il est utile de rappeler que lorsqu'un coach accompagne un client, il l'écoute de façon ouverte et accueillante, sans s'encombrer d'outils de diagnostic limités à un cadre de référence théorique privilégié. Le coaching, nous le répétons, ne repose pas sur une approche d'expertise.

Voir aussi : *Émotion, Expert, Motivation*.

Interface

Espace ou *no man's land* entre deux ou plusieurs entités où peuvent se manifester de nouvelles formes d'échanges créatrices de valeur ajoutée. Habituellement, plus nous pouvons constater de différences potentiellement fertiles entre des entités, plus il est possible que leurs interfaces permettent des échanges fructueux et innovants.

Attention

> *Au sein de nombreuses équipes, les membres ne perçoivent pas l'intérêt de travailler ensemble, pour la bonne raison qu'ils pratiquent des métiers fondamentalement différents.*

Notons que cette différence de métiers est justement la raison fondamentale pour les organiser en équipe et leur demander de travailler ensemble. Paradoxalement, cet argument contre le travail en équipe et cette même réponse valent aussi pour les équipes où les membres font des métiers rigoureusement similaires.

En entreprise, des interfaces opérationnelles performantes devraient exister entre chacune des fonctions, des équipes, des départements, des divisions et des filiales. Paradoxalement, ces interfaces sont généralement perçues comme des vides, alors qu'elles contiennent un potentiel de valeur ajoutée qui dépasse largement celui des entités qu'elles prétendent séparer. En approche systémique, il est donc habituellement reconnu que l'exploitation du potentiel issu des interfaces au sein d'un système complexe dépasse largement le potentiel des parties constituantes du système, prises séparément.

Les pièces d'un avion ne permettent pas de voler, sauf lorsqu'elles sont organisées de façon à capitaliser sur le potentiel autrement puissant issu de leurs interfaces.

En effet, c'est l'organisation intelligente des interfaces entre les pièces qui permet à l'avion de voler, plus que l'addition des pièces elles-mêmes. C'est sans doute pour cela qu'en aéronautique, les interfaces sont souvent doublées, sinon triplées, pour assurer à l'ensemble plus de sécurité.

La même dynamique de création de valeur est possible au sein d'équipes et d'entreprises, ce qui justifie leur constitution. Faute d'interfaces performantes, il est souvent possible, voire plus rentable, d'externaliser une grande majorité du personnel et des organes constitutifs d'une entreprise.

Dans ce domaine, la pratique d'un coach individuel ou collectif consiste à aider son client à développer ses résultats en l'accompagnant dans l'étude et l'amélioration d'interfaces plus performantes avec l'ensemble de son environnement personnel et professionnel. Par ailleurs, la pratique d'un coaching en situation, ou en *live* au sein même du milieu du client, permet au coach d'observer la qualité et la pertinence des interfaces ignorées par le client, et de le soutenir dans sa recherche d'axes d'amélioration, créateurs de valeur.

Voir aussi : *Frontières*, *Vide*.

Intermédiaire

Personne qui agit au sein des interfaces.

Entre-deux, médiateur, interprète, marieuse, commerçant, négociateur, vendeur, etc.

À la manière d'un frontalier qui manie bien les langues et mélange les coutumes de pays limitrophes, un intermédiaire se situe exactement entre des entités distinctes, et quelquefois opposées. Tel un contrebandier, il agit au sein des interstices et interfaces entre les systèmes. Par conséquent il peut servir de lien ou de vecteur de communication, comme il pourrait tirer profit de sa position pour diviser. En effet, à l'inverse opposé d'un joueur du jeu de « Battez-vous » qui, pour son propre bénéfice, divise pour régner ou sème la zizanie entre deux autres personnes, l'intermédiaire met en œuvre un processus rigoureusement identique, mais positif, afin de réunir deux personnes ou entités peu amènes à spontanément communiquer ou construire ensemble.

Au terme de son action plus constructive, le bénéfice négatif du jeu de manipulation est alors transformé en bénéfice positif pour toutes les parties prenantes. Ce résultat gagnant-gagnant est créateur de richesses.

Voir aussi : *Frontières*, *Gagnant*, *Jeu*, *Marge*.

International Coach Federation

La plus grande association de coachs professionnels, forte de plus de douze mille membres en 2008. À cette date, ses adhérents étaient originaires de plus de cinquante pays différents, et bien qu'encore à dominance anglo-saxonne, la véritable diversité, voire la liberté de pensée, y faisait peu à peu sa place. www.coachfederation.org

Voir aussi : *Association professionnelle, SFCoach.*

Interne

Comme pour coach « interne » ou coach « externe ». Nombreux sont les coachs internes qui se plaignent du manque de crédibilité qui leur est accordé par les salariés et la hiérarchie de leur entreprise. En effet, la « compétence perçue » des coachs internes n'est pas toujours à la hauteur de leurs capacités réelles, et c'est bien dommage. Mais ce grave constat n'est pas propre au métier de coach. Comme pour tous les autres métiers, à compétences égales et pour une entreprise donnée, un professionnel externe sera perçu comme beaucoup plus capable que le même s'il est salarié interne.

Attention

> *Comme pour beaucoup de personnes en manque de confiance en soi, les entreprises préfèrent souvent chercher les avis extérieurs et faire confiance à des inconnus, plutôt que de se reposer sur leur propre potentiel interne et déjà acquis.*

Ainsi, si l'on souhaite rapidement perdre un pourcentage important de sa « compétence perçue » auprès d'une entreprise, il suffit d'en devenir salarié. À l'opposé, lorsque l'on veut gagner en estime et subitement se faire désirer ou regretter, il vaut mieux quitter l'entreprise. Ces stratégies n'ont pas échappé à tous ceux qui, compétents ou pas, gèrent leur carrière en passant d'une entreprise à une autre.

À travail et résultats équivalents, il y a donc fort à parier que les coachs externes sont bien mieux reconnus et rémunérés que les coachs internes.

Voir aussi : *Externe*.

J

Jeu

Comme dans l'expression « jeu de manipulation », terme issu de la théorie d'analyse transactionnelle, dont la définition gagne peu à peu ses lettres de noblesse dans le langage courant. La notion de « jeu » fait référence à des stratagèmes structurés et non conscients par lesquels une personne ou un groupe entame un échange ou une série de transactions dont l'aboutissement prévisible est négatif pour toutes les parties concernées. Ces stratégies de manipulation peuvent inclure l'éventuelle participation d'un observateur passif.

Pour chaque interlocuteur au sein d'un jeu, ce type d'échange stérile et répétitif peut servir par exemple :

- à confirmer le cadre de référence négatif de sa relation aux autres et au monde ;
- à obtenir, voire extorquer, l'attention ou la reconnaissance d'autrui ;
- à rendre les autres responsables de ses problèmes ou éviter de se prendre en charge ;
- à confirmer son impuissance personnelle à pouvoir changer les choses ;

- à se manipuler comme à manipuler les autres personnes au sein de l'environnement, même si c'est de façon inconsciente ;

- etc.

Il faut savoir que les jeux sont des schémas relationnels qui procurent aux partenaires une intensité relationnelle importante. Par conséquent, un jeu s'inscrit souvent entre des personnes qui souhaitent entretenir des relations dont le niveau existentiel est élevé, peut-être même égal à l'intimité, alors qu'il est négatif dans sa finalité manipulatrice. Ainsi, un jeu est souvent émotionnellement très intense pour tous les partenaires impliqués, au point de quelquefois finir dans une cour de justice, à l'hôpital, en prison, voire pire. Ces interactions procurent une stimulation affective et émotionnelle qui peut être considérée comme existentiellement très nourrissante. Il est utile de rappeler que nous ne choisissons pas nos partenaires de jeu par hasard. Souvent d'ailleurs, nous « les cherchons » à la fois pour les provoquer et pour qu'ils nous provoquent.

Attention

Paradoxalement, un des indicateurs de jeu de manipulation concerne le peu d'espace, de silences, ou encore de « jeu » dans le sens de « souplesse » entre les interventions des personnes, lors d'une interaction.

Lorsqu'une personne en interrompt une autre pour s'exprimer, ou lorsqu'elle attend avec impatience la fin d'un commentaire pour rapidement insérer le sien en contradiction, il est possible de constater qu'il n'y a pas suffisamment de jeu, de silences ou d'espace au sein de la relation. Lors de ces situations de communication à flux tendu, il y a de fortes chances qu'il existe des jeux de pouvoir ou de manipulation.

Il semblerait que la pratique répétée de jeux négatifs repose sur des schémas comportementaux relativement structurés. Un coach expérimenté peut aider son client à transformer ces schémas ou processus comportementaux en stratégies équivalentes positives et constructives. Ces dernières stratégies relationnelles, structurées et positives reposeraient sur des processus qui, dans leur forme, seraient identiques à des jeux. Elles seraient mises en œuvre entre les mêmes partenaires, et pourraient se développer au sein des mêmes environnements, mais aboutiraient tout aussi régulièrement à des résultats beaucoup plus résolutoires, voire à des habitudes de relation interpersonnelles franchement performantes.

En entreprise, il est couramment admis qu'une grande quantité d'énergie est inutilement dépensée au sein de relations politiques, de pouvoir et de jeux d'influence qui portent l'empreinte de ces jeux de manipulation. Cette énorme quantité d'énergie utilisée à mettre en œuvre ces dynamiques de jeux improductifs gagnerait largement à être redirigée vers l'atteinte d'objectifs communs en se reposant sur des processus positifs.

En coaching individuel et d'équipe, l'attention est portée à la mise en place de processus interactifs, centrés sur l'atteinte de résultats de performance. Cela suffit souvent à limiter la présence et l'impact des jeux de manipulation qui régissent nos interfaces professionnelles.

Attention

Les jeux inhérents à des systèmes personnels ou professionnels, individuels ou collectifs sont contagieux. Ils sont géné-

*ralement reproduits au sein même de la relation d'accom-
pagnement avec les coachs.*

Cet effet de reproduction d'habitudes comportementales
avec le coach donne à ce dernier d'excellents indicateurs à
même de lui suggérer de nombreuses pistes d'évolution et
de transformation pour ses clients.

Voir aussi : *Émotion, Holistique, Intermédiaire.*

Judo

Art martial d'origine extrême-orientale qui ressemble au
coaching par sa stratégie reposant essentiellement sur
l'utilisation judicieuse de l'énergie de l'autre. À la différence de la boxe, qui repose sur un principe d'opposition
frontale et directe par sa brutalité, le judo propose d'accompagner les mouvements du partenaire et de s'en servir pour
le déséquilibrer, en créant du vide et en l'aspirant vers sa
chute.

Les questions du coach et son utilisation judicieuse de
l'espace et de silences créent un environnement qui aspire
ou entraîne la réflexion et la motivation des clients vers
l'atteinte de leurs objectifs. En évitant soigneusement de se
positionner sur la trajectoire du projet de ses clients, le
coach accompagne leur énergie alors qu'ils cheminent vers
leurs solutions.

Attention

*De toute évidence, et comme au sein de beaucoup de
sports, le judo est un jeu à somme nulle : pour qu'il y ait
un gagnant, il faut un perdant.*

Les judokas savent toutefois profondément respecter leurs adversaires. Ces derniers sont considérés comme des partenaires, sachant que pour progresser, il est nécessaire de s'inscrire dans une relation positive de gagnant-gagnant avec nos adversaires, sans lesquels nul ne saurait progresser. Sous de nombreux aspects, l'esprit du coaching rejoint celui de sportifs de haut niveau comme celui des arts martiaux.

Voir aussi : *Compétition, Concurrence, Gagnant, Résistance, Vide.*

Juste à temps

En temps réel. Organisation du travail qui limite le stockage, et donc les coûts d'entreposage. L'expression vient de « *just in time* » en anglais. Elle est souvent liée à la notion de « *first in, first out* », qui stipule que tout ce qui se présente en premier est immédiatement traité en premier, quel que soit son degré d'urgence par ailleurs.

Ces expressions se réfèrent à des stratégies quotidiennes de gestion des tâches et du temps. Elles consistent à immédiatement et complètement traiter chaque tâche lorsqu'elle se présente pour s'en libérer sans tarder et afin de rester ouvert et disponible aux autres opportunités qui peuvent se présenter au sein de l'environnement.

Ne jamais ouvrir une lettre ou un e-mail sans immédiatement y répondre, le faire suivre ou le mettre à la poubelle. Élargir ensuite cette stratégie de réactivité immédiate dans toutes ses actions quotidiennes.

Cela ne prend pas plus de temps de traiter une action dès qu'elle se présente que de la mettre de côté et d'attendre le dernier délai, le dernier moment. Le traitement immédiat et complet des tâches permet d'éliminer, d'une part les traitements multiples et, d'autre part, le classement sur une pile de choses « à faire » qui grossit et finit par encombrer la vie quotidienne et professionnelle.

Voir aussi : *Émergence, Réactivité, Temps.*

L

Langage

Moyen de communication verbal dont la nature est souvent paradoxale. La communication est un domaine attribué au dieu Hermès. Par conséquent, ne serait-ce que par omission, le langage sert à cacher autant, sinon plus, qu'il ne prétend préciser ou révéler (sauf pour tout ce qui est écrit sur ces pages, bien entendu).

Ainsi, même si c'est inconsciemment, il faut savoir que le langage sert à exprimer, voire affirmer avec conviction une fraction, voire le contraire, de ce que l'on fait ou de ce qui est perçu par l'entourage.

Constatez le comportement d'Enron en ce qui concerne la mise en œuvre de son éthique légendaire et la faillite qu'elle a provoquée. À l'image de cette entreprise défunte, les affirmations verbales qui concernent les cultures de management de bon nombre d'organisations décrivent souvent l'inverse opposé du comportement des managers concernés, tel qu'il est subi par le personnel et perçu par l'environnement.

L'observation du comportement mesurable d'une organisation donne souvent beaucoup plus d'indications sur sa réalité comportementale que ses discours officiels, ses règlements intérieurs et ses affiches et autres panneaux publicitaires. Il en découle aussi que, plutôt que par le verbe, la meilleure, voire la seule façon de décliner une réelle culture de management est par sa modélisation ou par l'exemplarité de ses managers.

Cela peut expliquer pourquoi un coach n'écoute pas tant le contenu de ce que peut exposer son client individuel ou collectif en ce qui concerne ses problèmes, ses objectifs et autres ambitions affichées. L'écoute et l'accompagnement d'un coach sont surtout centrés sur toutes les informations annexes tels les comportements, la linguistique, les émotions, la relation avec le coach, la capacité de mise en œuvre d'actions programmées, etc.

Voir aussi : *Délégation, Écoute, Hermès, Paradoxe.*

Leader

Homme de vision et d'action, souvent perçu par l'entourage comme charismatique, voire mythique. Un leader sait diriger les foules par ses capacités à inspirer et à entraîner. La dynamique de leaders est souvent mise en opposition à celle de managers, qui brillent plutôt par leurs compétences en organisation et en planification.

Attention

> *Si les leaders sont souvent « salutaires », voire providentiels en période de crise, de trouble et d'incertitude, il est utile de se méfier de leur capacité à progressivement glisser vers des stratégies individualistes et de pouvoir qui font fi de toute contestation et contre-pouvoir.*

L'usure du pouvoir n'est pas un mythe. Le fait même qu'un collectif accepte de suivre un leader lorsqu'il assume ses fonctions de direction et de motivation peut souligner que les membres de cet ensemble délèguent une part importante de leurs responsabilités personnelles à ce dirigeant. Cela indique une possibilité de déresponsabilisation qui, à terme, a toujours un coût.

Le coaching de leaders est souvent aussi centré sur le développement de leurs capacités à diriger en collaboration étroite avec des équipes performantes et entièrement responsables, au sein desquelles ils sauraient à la fois écouter la contradiction et faire autorité. Il y a toutefois autant de profils de leader que de types de personnalité, et autant de leaders que de personnes qui savent assumer à la fois le développement de leur propre potentiel en même temps que celui de ceux et celles qui les entourent. En ce sens large, le coaching est de façon privilégiée un métier d'accompagnement qui s'adresse à des leaders : toute personne centrée sur le développement du potentiel de ses propres performances individuelles tout en respectant la croissance durable de son environnement.

Voir aussi : *Autorité, Entrepreneur, Jeu.*

Leadership

Concept central dans la formation au management depuis un certain nombre d'années, qui repose sur l'idée que tout le monde doit être devant et savoir diriger tous ceux qui suivent. Paradoxalement, ces derniers n'ont aucunement besoin d'être formés au *followership*.

Attention

La formation au leadership est généralement promulguée par les cabinets anglo-saxons, et renforce un cadre de référence d'expertise et fondamentalement hiérarchique issu de cultures essentiellement militaires. Bien entendu, la stra-

tégie de ces cabinets assure leur leadership mondial au sein de ce cadre de référence.

Il est intéressant de noter que le développement de l'Europe repose sur un cadre de référence de collaboration choisie, transversale et paritaire, hors contexte hiérarchique ou d'expertise imposée. Le lent développement d'un cadre de référence collaboratif européen pourrait provoquer à terme la recherche de modèles de co-management et de co-leadership en réseau, qui laisseraient une bien plus grande place à la communication, à la médiation, à la négociation, voire au dialogue.

Attention

L'héritage français est aussi fortement centralisateur, colbertiste, voire royaliste. Cela ne facilite pas notre capa-cité de participation réellement paritaire au sein de la Communauté européenne. Nous voulons bien en faire partie, mais à condition d'en être au centre.

C'est peut-être pour cette raison que la France tient souvent tête aux tendances hégémoniques anglo-saxonnes. Nous ne supportons pas qu'ils aient des prétentions compétitives par rapport à la place centrale, qui, d'après nous, nous revient de droit naturel.

Le cadre de référence du coaching et les compétences de communication sur lesquelles ce métier repose visent à créer un contexte de dialogue paritaire et respectueux de la diversité, source de créativité et de richesses. Vieux d'à peine quinze ans, le métier de coach fait partie intégrante de cette nouvelle tendance au développement de la relation paritaire centré sur l'élaboration de stratégies de perfor-mances collectives.

Voir aussi : *Circularité, Dialogue, Formation, Réseau, Révolution de l'information.*

Levier

Comme dans « effet de levier ». Matériellement, un levier est un objet relativement mobile ou léger qui, comme un outil, peut servir à déplacer ou soulever un ou plusieurs autres objets beaucoup plus lourds. Stratégiquement, un effet de levier est une action relativement facile ou envisageable qui peut servir à préparer la mise en œuvre d'une ou plusieurs autres actions perçues comme beaucoup plus difficiles ou conséquentes.

L'écriture par un expert d'un article sur sa pratique en vue d'une parution au sein d'un quotidien local ou d'un hebdomadaire national peut aussi :

• servir de base pour la rédaction d'un texte sur son site Internet assurant une diffusion plus large et permanente ;

• être remanié pour être inséré au sein d'un manuel pédagogique pour jeunes experts en formation ;

• être adapté pour être intégré au sein d'une proposition commerciale à diffuser auprès de quelques clients potentiels ;

• servir de base conceptuelle pour un chapitre qui figurera dans un livre à paraître ultérieurement.

Il est souvent intéressant pour un coach de demander à son client en quoi l'une de ses actions ou stratégies peut servir de levier pour envisager des développements parallèles sur d'autres axes ou pour atteindre d'autres objectifs plus ambitieux.

Cette stratégie d'effet de levier consiste à agir dans le cadre de référence que tout ce que nous entreprenons aujourd'hui n'est qu'une première étape, ou qu'un premier levier pour se préparer à réaliser des ambitions beaucoup plus conséquentes dans l'avenir.

<hr>

Question (de coach) : « À quelle ambition beaucoup plus importante dans l'avenir penses-tu que ce projet te prépare dès aujourd'hui ? »

<hr>

Par conséquent et de façon systémique, chaque problème, enjeu, action ou ambition quotidienne peut être perçu comme un premier pas ou comme un levier qui s'inscrit au sein d'un ensemble plus large, dont le sens est plus beaucoup vaste, et encore à l'état d'ébauche. Même si le temps laissera peu à peu émerger une vision plus précise de notre avenir, il est possible d'agir comme si nous nous y préparions quotidiennement.

Ainsi, si au-delà d'un problème ponctuel ou d'un projet passager, l'écoute du coach est centrée sur les motivations et ambitions fondamentales des clients, c'est surtout pour saisir en quoi leurs préoccupations quotidiennes les préparent à se déployer dans la mise en œuvre et la réalisation de leur potentiel personnel beaucoup plus large.

Voir aussi : *Émergence, Opportunité, Vision.*

M

Maladie

Du latin *male habitus* pour « mal habité ». Mal-être personnel qui se manifeste généralement par des symptômes et qui peut provoquer l'envie salutaire de changer d'état, comme lorsque « ça déménage » ou lorsqu'on modifie d'abord son cadre de référence, puis l'ensemble de sa vie. Le mot « maladie » est aussi le cousin lacanien de « mal à dire », dans la mesure où une maladie permet souvent d'exprimer ses maux autrement que par des mots, en déployant les symptômes d'un mal-être trop difficile à exprimer verbalement.

Dicton : « La maladie est déclarée, le patient va donc beaucoup mieux. »

En effet, il n'y a pas plus dangereux qu'une maladie non déclarée. Dès l'apparition des premiers symptômes ou indicateurs indirects de la présence d'un mal-être, il devient possible pour le client d'en tenir compte et de traiter ou rééquilibrer ce qui ne lui convient plus.

Pour un coach, l'approche systémique consiste à aborder les symptômes d'un mal-être et les autres indicateurs de dysfonctionnement d'un client individuel ou collectif comme autant d'expressions d'une profonde motivation de transformation.

Attention

Il ne faut toutefois jamais prendre des symptômes pour des problèmes qu'il faut résoudre.

À la façon d'un signal d'alarme, un symptôme indique la présence d'un problème, mais n'est pas, en lui-même, le problème. Il est cependant particulièrement recommandé de conseiller aux clients qui manifestent des indicateurs inquiétants et mesurables d'effectuer un diagnostic ou un audit, et de consulter un expert financier, médical, juridique, etc. pour assurer un redressement rapide de la maladie, en restant bien ancré dans la réalité.

Le coaching est une approche complémentaire qui consiste à accompagner le client dans une recherche plus profonde du sens de ses symptômes et des aspirations qu'ils peuvent révéler.

En entreprise, l'absentéisme, le vol, la dégradation du matériel, le manque de qualité, le turnover du personnel et le turnover client, la gestion par crises successives, etc., ne sont que des indicateurs de lacunes systémiques au niveau du management de l'organisation.

Une démarche de coaching peut aider à assurer le recentrage sur des objectifs ou des ambitions constructives à plus long terme, et accompagner la mise en œuvre des moyens à même de les atteindre.

Voir aussi : *Bouc émissaire, Problème, Symptôme.*

© Groupe Eyrolles

Manipulation

Un déplacement manuel, étymologiquement, ou encore en communication et selon J.-A. Malarewicz, « *une différence qui fait une différence*[1] ». Donc, dans nos échanges quotidiens, une manipulation est une action ou une inaction, une parole ou un silence, etc., qui aurait un effet mesurable au sein de l'environnement. Dans un contexte donné, il s'ensuit que toute communication et tout manque de communication qui ont un effet ou un résultat sont une manipulation.

Attention

> *Dans le langage courant cependant, et dans le sens négatif du terme, il y a manipulation lorsqu'une action ou une communication comporte une intention de nuire ou d'agir contre les intérêts d'un sujet individuel ou collectif.*

Il est utile de se rappeler qu'une grande majorité des manipulations négatives est mise en œuvre de façon relativement inconsciente. Ce que le manipulateur entreprend auprès de son environnement n'est qu'une façon d'entretenir une position personnelle négative au sein d'un cadre de référence non productif. Les manipulateurs deviennent donc inexorablement leurs propres premières victimes.

Voir aussi : *Jeu, Paradoxe, Projection.*

Marge

Bordure ou périphérie d'un ensemble structuré. En approche systémique, il est souvent affirmé que tous les

---

1. Propos recueillis lors d'une formation avec J.-A. Malarewicz.

changements significatifs viennent de la marge des systèmes, et non de leur centre.

Au sein d'une cellule biologique, la fonction de l'ADN est de préserver l'héritage. Elle n'est pas de spontanément créer du changement, ni de trop facilement accepter des modifications originaires de l'environnement.

Par extension et par analogie, nous pouvons conclure que pour le bien d'un système, la fonction de décision de son centre est fondamentalement conservatrice et protectrice. Ce cadre de référence est tellement ancré dans nos perceptions que, de nos jours, la modification génétique est généralement perçue comme un danger qui serait provoqué par un virus malgré le noyau de la cellule. Une modification génétique n'est pas recherchée comme une amélioration œuvrant dans le sens d'une évolution bénéfique.

Attention

Il ne faut pas oublier que dans la nature, les modifications génétiques sont aussi à l'origine d'évolutions salutaires.

Toujours est-il que si la fonction du noyau d'une cellule biologique est principalement de résister au changement afin de préserver l'héritage positif de l'histoire, la fonction de la direction d'une entreprise ou du gouvernement d'un pays est aussi principalement une fonction homéostatique, voire conservatrice. Afin de s'assurer de pouvoir limiter toute tentative de changement intempestif au sein d'entreprises, les organes de direction affichent paradoxalement haut et fort que c'est à eux, et à eux seuls, de piloter les projets de changement et d'évolution. Cela leur permet de déployer une résistance concertée aux modifications proposées, et si nécessaire d'en assurer un contrôle rigoureux.

Par conséquent, lorsqu'il est question de changement par une approche plus stratégique, voire systémique, il est souvent beaucoup plus efficace de mettre en œuvre des actions de transformation à la marge des systèmes, plutôt que de tenter de les introduire trop près de leur centre ou au sein de leur fonction exécutive. De la même façon pour le coaching en entreprise, il est plus efficace de créer des espaces d'expérimentation et de nouveauté au sein de lieux anodins, un peu à la marge du système client et qui n'attirent pas trop l'attention de la direction jusqu'à ce que leurs résultats exceptionnels, eux, attirent l'attention. C'est par cette approche pragmatique et indirecte, loin des enjeux politiques du noyau central et en se centrant sur l'obtention de résultats que le changement du système tout entier peut devenir possible, à terme.

Voir aussi : *Frontières, Génétique, Langage, Noyau, Paradoxe, Systémique.*

Masochisme

Stratégie qui consiste à se concentrer sur tous les moyens utiles pour réussir, mais que l'on n'a pas. Par définition, ces moyens inaccessibles sont toujours trop coûteux, lourds, voire douloureux à obtenir. Pour un masochiste, cette démarche pesante remplace celle qui consiste à se centrer sur l'obtention rapide et efficace de résultats.

Les préoccupations de nombreuses entreprises concentrées sur la gestion des moyens tels le niveau d'investissement, la quantité de personnel et le temps nécessaire pour atteindre des objectifs font que ceux-ci sont toujours trop coûteux, irréalistes, risqués, difficiles, démotivants.

En général, cette attitude est reproduite au sein de l'ensemble du personnel de l'entreprise qui œuvre à revendiquer plus de moyens et à se plaindre sur la quantité d'efforts qu'il déploie pour obtenir bien peu de résultats. Savoir plutôt se centrer sur les bénéfices possibles et des résultats motivants rend toute aventure beaucoup plus légère et envisageable.

Attention

> Il faut savoir qu'une personne qui réussit exceptionnellement dans sa vie professionnelle ne déploie pas dix fois plus d'énergie qu'une autre qui échoue. Elle en fait généralement beaucoup moins, mais agit autrement, de façon beaucoup plus efficace, centrée sur ses objectifs, voire sur son résultat.

En effet, si nous nous concentrons sur la quantité de moyens à mettre en œuvre pour arriver à un but, ils sont généralement trop lourds, alors que si nous nous focalisons plutôt sur l'obtention de résultats exceptionnels, ceux-ci sont toujours beaucoup plus motivants.

Par conséquent pour devenir un bon coach, il est important d'être convaincu que la réussite des clients est une dynamique beaucoup plus légère et agréable que lorsqu'ils s'obstinent dans l'effort pour atteindre des objectifs dans la douleur. Le coaching est une approche qui repose sur l'accompagnement des clients dans la bonne humeur et la légèreté, centrée sur la mise en œuvre de leur réussite. Le cadre de référence du coaching considère la réussite comme naturellement accessible.

Voir aussi : *Moyens, Objectif, Résultat.*

Métaculture

Lors d'un rapprochement entre des systèmes d'origines très différentes tels des fusions d'entreprises ou des regroupements d'équipes, une approche résolutoire des relations multiculturelles consiste à accompagner les partenaires dans la création commune d'un *nouvel* ensemble totalement différent. Ce nouveau contexte métaculturel peut englober ou supplanter les anciennes différences culturelles et permettre le développement d'un potentiel jusque-là inaccessible.

La création de l'Euro en Europe, qui supplante les monnaies nationales et les contextes monétaires des pays préalablement en relation compétitive.

Dans le cadre d'un rapprochement entre entreprises de cultures différentes, il est souvent judicieux pour un coach de poser aux acteurs concernés une question qui les aide à les sortir de leur face-à-face comparatif et quelquefois compétitif, afin de les amener à créer un nouveau cadre de référence culturel totalement original.

Question (de coach) : « En profitant de votre rapprochement pour remettre en question tout ce que vous pourriez changer de vos cultures d'origine, quelle nouvelle "métaculture" complètement différente souhaiteriez-vous créer ? »

Comme pour un mariage, lors d'une fusion, d'une acquisition ou d'un rapprochement entre deux partenaires, il est beaucoup plus enrichissant de définir ensemble un tout nouveau terrain d'entente et de développement. Cette approche est beaucoup plus constructive que d'élaborer des stratégies compétitives ou de se chamailler afin de déterminer lequel des deux partenaires s'adaptera au contexte de l'autre.

Par conséquent, ce n'est qu'à la condition de créer un nouveau contexte métaculturel qu'une nouvelle entité élaborée à partir de sous-ensembles préexistants pourra dépasser le potentiel de la somme des parties constituantes.

Lors d'une fusion ou d'un mariage, il est intéressant d'observer qui, des deux partenaires, devra déménager pour s'installer dans le territoire de l'autre, souvent sans pouvoir y trouver sa juste place.

Afin de s'assurer que la nouvelle entité réussit pleinement à profiter du potentiel des deux partenaires d'origine, il est souvent utile d'envisager que ces derniers déménagent ensemble pour s'installer dans un territoire entièrement nouveau. Pour un nouveau couple, ce déménagement partagé est une première indication concrète de leur véritable volonté de collaboration.

Voir aussi : *Zéro*.

Minimalisme

Le coaching performant repose sur le principe paradoxal que « *less is more* » ou en français : « Moins, c'est plus. » Le coaching est donc par essence une approche minimaliste.

- Moins le coach en fait, plus il laisse de place à l'autodétermination du client.
- Moins le coach dirige la démarche d'accompagnement, plus le client détermine ses propres motivations.

- Moins le coach pose de questions, et plus il les choisit pour leur pertinence, plus elles se doivent d'être puissantes.
- Moins le coach assume de responsabilités au sein de la démarche, plus le client peut clarifier ses propres objectifs et enjeux.

Par conséquent, la maîtrise en coaching consiste souvent à tout simplement offrir un espace de croissance au client, sans plus. Cela fait que pour beaucoup, ce métier est très difficile à apprendre. Il nécessite tout d'abord de désapprendre tous les anciens réflexes habituels au contexte dominant de la relation d'aide et d'accompagnement qui poussent les professionnels à en faire beaucoup trop afin de justifier leur présence.

Dicton : « Qui peut le moins peut le plus. »

Une autre stratégie minimaliste concerne le coaching de clients qui sont face à un changement majeur, à un projet imposant ou encore à une transition dont les enjeux sont perçus comme très importants. Chez le client, ces situations peuvent souvent provoquer de l'hésitation, voire de la peur et de la paralysie. Afin d'accompagner un tel client alors qu'il œuvre à sortir de sa difficulté à passer à l'acte, une approche minimaliste peut être illustrée par une seule question pertinente.

« Quelle est l'action la plus facile et la plus simple que tu peux immédiatement mettre en œuvre et qui peut servir à t'engager dans la bonne direction ? »

Voir aussi : *Accompagnement, Écoute, Judo, Silence, Témoin, Vide.*

Mission

Description verbale, souvent valorisante et volontariste, de l'objectif opérationnel essentiel ou à long terme d'une personne, d'une équipe, d'une entreprise ou d'un autre ensemble collectif telle une église. Une mission s'inscrit généralement au sein d'un cadre de référence ou d'une vision de l'évolution du monde, de l'humanité, de la technologie, du potentiel de performance du client ou encore de son marché.

De nos jours, une grande majorité des entreprises s'évertuent à afficher des missions qui allouent presque obligatoirement une place prépondérante au respect de l'écologie mondiale et à la vocation essentiellement citoyenne de l'organisation.

Pour effectuer sa validation, la mission affichée d'une entreprise est à mettre en rapport avec ses priorités quotidiennes observables et avec ses réelles allocations financières. Bien malheureusement, au sein de beaucoup d'organisations, la réalité mesurable de leurs actions quotidiennes est souvent plus prosaïque.

Par conséquent, si elle s'inscrit dans le cadre d'une vision à long terme de l'évolution de l'environnement, une mission d'entreprise gagne à être déclinée en stratégies puis en objectifs clairs et mesurables à plus court ou moyen terme, avec des délais précis.

Attention

Une mission d'entreprise qui n'est pas soutenue par des plans d'action dont les effets seraient mesurables correspond à une décision gouvernementale qui serait communiquée sans son décret d'application. Cela caractérise des opérations de communication dont les effets sont simplement cosmétiques.

Les plans d'action permettent de s'assurer qu'une mission affirmée au sein d'une vision ne reste pas lettre morte, mais qu'elle serve à réellement mobiliser puis diriger l'énergie active de l'ensemble de l'organisation concernée. Quelle que soit la mission d'un client donné, un accompagnement en coaching individuel, d'équipe ou d'organisation n'est considéré comme terminé que s'il comprend cette mise en œuvre pratique et mesurable.

Une mission et la vision qui la justifie gagnent aussi à être partagées avec le plus grand nombre de personnes afin de leur offrir l'opportunité de devenir des acteurs ou des sujets motivés qui pourraient s'impliquer dans sa réalisation. Bien entendu, lorsque ces personnes sont impliquées en amont, dès la formulation de la mission, elles seront d'autant plus motivées pour en assurer la réalisation.

Le travail pratique d'accompagnement en coaching – d'une part de la définition d'une vision et, d'autre part, de la mise en œuvre de la mission qui l'accompagne – fait souvent partie intégrante du métier de coach individuel, d'équipe et d'entreprise.

Voir aussi : *Budget, Conspiration, Leader, Sujet, Vision.*

Moment

Un instant, comme dans les expressions « c'est le bon moment » ou « ce n'est pas le moment ». Arrêt sur image, en quelque sorte, dans le flux continu du temps. Il est à considérer que nos problèmes, solutions, actions, paroles, etc., ne sont souvent ni bons ni mauvais en eux-mêmes.

Selon le moment choisi pour les exprimer, ils peuvent avoir des effets totalement positifs, relativement nuls, ou encore désastreux.

En coaching, il apparaît souvent qu'une question, un silence ou une note d'humour n'est véritablement puissant que lorsque le moment est juste ou opportun pour le client. Cela correspond à la capacité de réactivité immédiate du coach, ou à la pertinence de son propos. Dans ce sens, de nombreux coachs en formation ou en développement ont de bonnes perceptions et réactions face au client, mais avec un petit temps de retard. Avec la pratique, ce décalage horaire dans la réponse se réduit peu à peu et le coach réagit au bon moment et avec à-propos.

Par conséquent, savoir choisir le bon moment pour intervenir fait partie intégrante de l'art du coaching. C'est ce que l'on appelle une « intervention pertinente ».

Voir aussi : *Temps*.

Mondialisation

Traduction française du concept de « globalisation » dans son sens anglo-saxon, c'est-à-dire qui concerne la Terre. Le mot français de « globalisation » concerne la globalité ou le tout, ce qui n'est pas forcément contradictoire dans une approche systémique. Quoi qu'il en soit, il est intéressant de constater que ce concept d'internationalisation permet de développer chez les mêmes sujets un militantisme engagé à la fois *contre* la mondialisation ou globalisation *économique* et *pour* la globalisation ou mondialisation *écologique et sociale*.

Dans sa pratique quotidienne, la mondialisation est une prise en compte de la dimension systémique des échanges au niveau du globe terrestre. En effet, les deux cadres de référence se rejoignent dans leur prise en compte des interfaces. Ils font aussi bien peu de cas de la notion de frontières. La mondialisation et l'approche systémique considèrent toutes deux que les limites que nous nous évertuons à poser pour délimiter les intérêts entre des territoires, entre des expertises, entre des peuples, entre des connaissances, etc., ne sont qu'illusoires.

Attention

Le coaching est réputé ne pas être une approche d'expertise.

Par conséquent et selon la notion de mondialisation, tout ce qui se passe à un bout de la planète peut immédiatement influencer l'ensemble de l'hémisphère, et personne ne pourra se mettre à l'abri.

L'effet mondial du trou noir financier provoqué par le peuple américain en 2008.

Voir aussi : *Frontières, Glocal, Interface, Systémique.*

Motivation

De « motif », comme pour « émotif ». Relatif à une cause, au sein d'une relation de cause à effet. En entreprise, il est généralement acquis qu'à salaire égal, une personne motivée accomplit plus et mieux qu'une personne qui ne l'est pas. Par conséquent et une fois pour toutes, sauf pour des contextes gérés par des managers incompétents, la motivation personnelle n'est absolument pas liée au salaire. La motivation est une énergie produite par le salarié même, qui lui permet d'avancer bien mieux et plus loin que le carburant que représente son simple salaire.

Attention

> *Notez que l'essence permet seulement de faire tourner le moteur d'une automobile. Cette dernière est malheureusement dénuée de toute autre capacité de motivation personnelle qui pourrait apporter, nous apporter, un résultat plus performant.*

Lorsqu'une organisation considère que son personnel doit être artificiellement motivé afin de se mettre à agir de façon responsable et autonome, c'est qu'elle ne veut pas ou ne peut pas percevoir la capacité automotrice de ses salariés. Lorsqu'une direction relègue ses employés à une existence d'objets, sans doute pour mieux pouvoir les déplacer à sa guise, elle ne doit pas s'étonner de leur manque de motivation. Il faut savoir ce que l'on veut.

La réelle motivation humaine est généralement interne. Comme pour l'autonomie, la responsabilité, le besoin d'épanouissement personnel, etc., la motivation ne peut être artificiellement provoquée, sauf si l'on croit avoir à faire à des objets.

Le coaching est quelquefois perçu comme un métier bizarre, mal compris au sein de certains contextes organisationnels, peut-être parce qu'il affirme haut et fort que les personnes ne sont pas des objets. En effet, elles sont capables d'automotivation, mais seulement au sein d'un contexte managérial qui le permet.

Voir aussi : *Aspiration, Délégation, Émotion, Objet, Paradoxe, Ressources, Sujet.*

Mots

Liés à notre inspiration, les mots, du *latin muttum, muttire* : « *souffler mot, parler*[1] », peuvent être des véhicules de sens qui permettent la création et l'entretien d'un cadre de référence personnel. Lorsque le sens des mots est partagé au sein d'un véritable échange collectif, il permet la communication, et surtout le dialogue. Celui-ci, à son tour, facilite l'émergence d'une culture ou d'un cadre de référence partagé.

Dicton italien : « *Traduttorre, traditore* » ou « traducteur, traître ».

Les mots sont aussi des traîtres. Ils sont trompeurs, dans la mesure où le même mot peut véhiculer ou traduire des sens totalement différents, éventuellement complémentaires et quelquefois opposés, auprès de personnes qui pourtant croient « s'entendre » ou se comprendre. Cela provient sans doute du fait que le véritable sens ne réside pas au sein même des mots, mais plutôt entre eux, au sein de leurs interfaces, ce qui illustre que le langage est véritablement systémique.

Voir aussi : *Hermès, Interface, Paradoxe.*

Moyens

En entreprise, les moyens sont des ressources habituellement allouées afin de permettre l'atteinte d'un but ou l'obtention de résultats. Souvent, la notion de moyens sert à évoquer des leurres qui nous permettent de croire que l'on n'a pas déjà tout ce qu'il faut pour réussir. Dans ce

---

1. Petit Robert.

contexte, il est intéressant de constater que ce mot est utilisé presque exclusivement au pluriel.

« Nous n'avons pas assez de moyens (de personnel, d'informatique, de temps, d'argent, de soutien, etc.) pour augmenter nos ventes. »

Cette perception repose sur la croyance qu'il faut « plus de moyens pour accomplir plus de résultats ». Cela est probablement vrai s'il manque le seul moyen essentiel qui permet de déplacer des montagnes : la motivation.

Dictons :
- « Avec des moyens "moyens", on peut peu. »
- « Mieux vaut lutter pour obtenir les moyens de sa politique que se contenter d'avoir une politique de moyens. »
- « *L'homme qui ne vit pas au-dessus de ses moyens manque tout simplement d'imagination.*[1] »

En réalité, un excès de préoccupation sur les moyens que l'on n'a pas est souvent un indicateur d'autodisqualification, de résistance au changement, de déficit d'ambition, d'un contexte d'incertitude, d'un manque de confiance en soi ou dans l'environnement, de peur, de manque de motivation ou de mobilisation vers un objectif, etc. Par conséquent, le manque de moyens internes aux individus que nous sommes est projeté sur l'environnement.

Il est à noter que, faute d'ambition ou d'imagination, de nombreux managers et entreprises encadrées par des financiers concentrent leur énergie sur la gestion des moyens afin de limiter leurs frais au minimum. Au sein de ces organisa-

---

1. George Bernard Shaw.

tions, la gestion pingre de moyens finit par remplacer une démarche ambitieuse et la mobilisation collective qui pourrait leur permettre d'atteindre des résultats de performance.

Attention

> *Dans ces entreprises, la formation et le coaching sont souvent perçus comme des dépenses relativement inutiles dont il faut limiter le coût.*

Or, lorsque des actions de formation et de coaching sont centrées sur l'obtention de résultats mesurables, les retours sur investissement s'avèrent relativement élevés. Il est donc plus utile pour les professionnels des métiers de coaching, de conseil et de formation de vendre des résultats à leurs clients, plutôt que de leur vendre les moyens que sont le coaching, le conseil et la formation.

Voir aussi : *Leader, Masochisme, Minimalisme, Objectif, Résultat.*

N

Naturel

Inné. Génétique. Les comportements généralement considérés comme naturels par une personne, un groupe ou une organisation sont plus souvent des habitudes personnelles ou collectives apprises, auxquelles ils s'identifient. Ces comportements ne sont naturels que dans le sens où ils sont naturellement appris. En biologie, les comportements réellement considérés comme naturels ou innés sont limités aux quelques instincts animaux comme ceux de se nourrir, de se défendre, de communiquer, de respirer, de sucer, etc.

Presque tous nos comportements d'adultes sont appris. Pour changer ces habitudes comportementales devenues « naturelles », il suffit généralement d'en roder de nouvelles, afin de peu à peu les considérer comme naturelles.

Pour devenir un bon coach, il est nécessaire d'apprendre de nouveaux comportements, ou un nouveau *savoir-faire* ou *savoir-être* de relation, de communication et de réussite qui va souvent à l'encontre de nos habitudes apprises.

Ces nouveaux comportements du coach modélisent auprès de ses clients que le changement durable est à la fois accessible, naturel, et qu'il permet une plus grande performance individuelle et collective.

Voir aussi : *Génétique.*

Noyau

En approche systémique, le noyau est le centre névralgique, le cœur ou la « partie centrale et fondamentale » d'un ensemble, qui, comme au sein d'une cellule biologique, en contient l'ADN. Si les parents et surtout la qualité de leurs interfaces représentent le noyau d'une famille, les interfaces au sein d'un comité de direction jouent ce rôle central dans une organisation, comme le gouvernement au centre de l'administration d'un pays.

Par conséquent, le noyau est le cœur décisionnaire ou exécutif des ensembles vivants ou des organismes sociaux qui l'entoure. L'ADN que contient le noyau d'un système est réputé déterminer les caractéristiques fondamentales et les processus clés de l'ensemble du système. La frontière interne principale sépare le noyau du reste de l'organisme.

Attention

> La décomposition ou destruction de cette frontière interne est généralement un signe avant-coureur de la décadence ou de la mort de l'ensemble du système concerné.

D'où la fonction première de l'exécutif de tout pays ou de toute entreprise qui est de préserver ou de défendre sa propre capacité à prendre des décisions, faute de quoi l'ensemble du système qu'il dirige court à sa perte.

Au sein de tout système collectif dont nos entreprises, il est généralement observable que le noyau, d'ailleurs quelquefois appelé « noyau dur », joue un rôle fondamentalement conservateur. À l'inverse, la nouveauté, voire le changement, vient plutôt de la périphérie des systèmes, beaucoup plus facilement influencée par l'environnement à travers la frontière externe.

Lorsqu'un coach accompagne un comité de direction, il peut aider celui-ci à remodeler ses propres interfaces, croyances, habitudes, modes opératoires, comportements, communications, etc. Ces transformations au niveau *de la qualité des interfaces* au sein du noyau de l'entreprise permettront au reste de changer par modélisation. Inversement, si le comité de direction cherche à mettre en œuvre un changement conséquent au sein du reste du système sans commencer par lui-même, les résultats seront généralement de pure cosmétique.

Il est souvent évident que l'accompagnement de comités de direction ou autres ensembles exécutifs nécessite de la part du coach une conscience claire et un respect profond des enjeux et des modes opératoires de la fonction de décision qui leur revient.

Voir aussi : *Décision, Frontières, Génétique, Marge, Systémique.*

O

Objectif

But ou cible. Forme virtuelle d'un résultat que l'on imagine pouvoir atteindre lorsqu'on en est encore loin. Malheureusement, un objectif est souvent perçu comme un horizon ou un plafond presque inatteignable alors qu'il est bien plus ambitieux de le visualiser comme le plancher d'un étage supérieur, comme le tremplin probable d'une étape ultérieure.

Certaines stratégies d'entreprise et de management reposent sur différents processus de fixation d'objectifs tels la DPO ou, mieux, la DPPO (direction participative par objectifs), l'approche budgétaire, les entretiens annuels, etc. Ces processus annuels, et quelquefois plus réguliers, offrent à l'ensemble des membres et organes d'une entreprise de nombreuses occasions de participer à des jeux de pouvoirs internes relativement intenses et souvent accompagnés de moult prolongations. Ces jeux apparemment centrés sur la fixation des objectifs de chacun permettent très paradoxalement aux protagonistes de longtemps se détourner de leurs ambitions.

Attention

> *Afin de mettre en place ces jeux stériles, il est particulière-*
> *ment recommandé à la hiérarchie d'imposer une vision*
> *d'objectifs très élevés.*

Cela sert, paraît-il, à motiver et faire preuve de volonta-
risme. Il est utile aussi de faire miroiter des primes et/ou un
intéressement à leur atteinte, voire à leur dépassement.

Attention (bis)

> *Il est aussi particulièrement recommandé à la base de*
> *résister en négociant de pied ferme tous ces objectifs vers le*
> *bas, de râler sur le manque de moyens adéquats et les*
> *incompétences de la hiérarchie. Il faut surtout dissimuler*
> *toute possibilité de dépassement des objectifs, afin de se*
> *ménager des réserves pour l'avenir.*

En général, il semblerait que plus un processus de fixation
d'objectifs est standardisé et déployé au sein d'une entreprise, plus celui-ci devient peu à peu un rituel administratif
à la fois très coûteux en temps et en énergie, et vide de sens.

En coaching, il est régulièrement constaté que lorsque l'on
accompagne les personnes et équipes à définir et atteindre
leurs propres ambitions, celles-ci dépassent largement les
objectifs de leur direction. Mais il faut savoir que plutôt
que sur des objectifs, une démarche de coaching est surtout
centrée sur l'*accompagnement des personnes* alors qu'elles se
centrent sur l'atteinte de leurs résultats. Cette approche
gagnerait à être pratiquée par des managers.

Voir aussi : Breakthrough, *Jeu, Leader, Levier, Motivation,*
Moyens, Résultat.

Objectivité

Illusion pseudo-scientifique qui voudrait qu'une personne soit capable de percevoir la vraie réalité sans jamais l'interpréter. Le principe d'objectivité est souvent utilisé lors de jeux de pouvoirs et de manipulation.

La notion d'objectivité permet de contester la perception d'autrui en l'accusant de ne pas être objectif, et d'imposer sa propre perception, qui, elle, bien entendu, repose sur un choix personnel de faits indéniables.

Il est utile de rappeler que l'objectivité scientifique ne peut exister que lors de relations entre objets, et par conséquent n'impliquant pas de sujets. Une relation qui impliquerait un sujet, ou qui serait observée ou relayée par un sujet, serait automatiquement empreinte de subjectivité. Objectivement, accuser quelqu'un de ne pas être objectif, c'est l'accuser de ne pas être un objet, peut-être pour qu'il le devienne et afin de pouvoir le manipuler comme tel.

Il s'ensuit que rien de ce que l'on peut dire, voir, entendre, sentir, penser, etc., ne peut être objectif, pas plus que toutes les définitions au sein de ce précieux glossaire. Paradoxalement, si nous sommes réellement objectifs, nous devons immédiatement reconnaître que l'objectivité n'existe pas.

Voir aussi : *Analyse, Expert, Illusion, Objet, Paradoxe, Perception, Projection, Sujet.*

Objet

Entités physiques que l'on peut consommer, utiliser, déplacer, disposer, etc., sans jamais avoir à tenir compte de leurs opinions, de leurs motivations, de leurs ambitions ni de leurs inhérentes capacités d'action.

S'il est utile de pouvoir se procurer les objets nécessaires à un certain confort de vie, leur intérêt réel est souvent limité par leur incapacité à se mouvoir et à créer par eux-mêmes. Ce qu'il y a de plus enrichissant au cours d'une vie est presque toujours issu d'une relation avec autrui. Soulignons toutefois que de nombreuses relations personnelles et professionnelles peuvent être perçues comme relativement insatisfaisantes et improductives par le fait que les personnes concernées, pourtant des sujets, se traitent en objets.

Attention

> Constatez que lorsque des entreprises se mettent à traiter des personnes comme des objets, elles acceptent rapidement de jouer ce jeu stérile, en étant de moins en moins actives, productives ou créatives.

À moins, paradoxalement, de résister. Il est à noter cette exceptionnelle capacité d'adaptation de l'être humain, qui peut aller jusqu'à faire de la résistance passive, voire décider d'arrêter totalement de bouger et se mettre en grève, jusqu'à la reprise d'un vrai dialogue entre sujets. Lorsqu'au contraire, tous les collaborateurs d'une entreprise perçoivent celle-ci comme un environnement de croissance et de développement reposant sur un réel dialogue entre sujets, ils y expriment leurs motivations, y déploient leur créativité et y accomplissent leurs ambitions, au grand bénéfice de l'ensemble de l'organisation.

La place que prend le coaching aujourd'hui au sein de notre société, et surtout au sein de nos entreprises, paraît être intimement liée à une extraordinaire motivation individuelle et collective de devenir de plus en plus les sujets de nos propres trajectoires.

Voir aussi : *Motivation, Ressources, Sujet.*

Opportunité

Du latin *portus* : « Qui conduit au port ou à bon port. » Caractère de ce qui est opportun, favorable ou propice, comme le bon vent. Par conséquent, lorsque l'on sait où on veut aller, de nombreuses aides et opportunités ne manquent pas de se présenter. Mais encore faut-il savoir les saisir, et savoir où l'on veut aller. Afin de saisir ou savoir profiter des opportunités, il est aussi utile de percevoir des portes, des fenêtres et autres ouvertures, là où les autres perçoivent des contraintes, des murs et des difficultés.

Paradoxalement, le qualificatif d'« opportuniste » est souvent utilisé comme une injure, alors qu'il décrit une attitude d'ouverture à l'environnement et à tout ce qu'il nous propose comme aides pour atteindre nos objectifs. C'est comme s'il fallait peiner pour réussir plutôt que d'accepter ce qui émerge alors que l'on chemine vers nos ambitions.

Voir aussi : *Émergence, Entrepreneur, Perception, Problème.*

P

Paradoxe

Contradiction qui, en approche systémique, est souvent assimilable à un « double lien » ou à une « double contrainte ». Il s'agit généralement d'une incohérence entre différents niveaux logiques d'une même pensée ou d'une même communication, dont l'ensemble est soit en contradiction totale, soit sans issue logique.

- « Sois spontané. »
- « Il est interdit d'interdire. »
- « Quand tu dis ça, ce n'est pas toi. »
- « J'aimerais bien que tu m'offres des fleurs sans que je te le demande. »
- *« Je suis pour tout ce qui est contre et contre tout ce qui est pour.*[1] *»*

Dans certains des exemples, la forme impérative est incohérente avec le contenu de l'ordre qui propose un comportement s'inscrivant dans l'autonomie.

Constatons que tous ces exemples sont de grands classiques qui pourraient nous laisser penser que nous ne nous laissons pas facilement prendre par de tels illogismes. Cela est

---

1. Pierre Desproges.

faux. En entreprise, de nombreuses situations paradoxales régissent la vie professionnelle quotidienne. Celles-ci aussi relèvent d'une incohérence perçue entre la forme linguistique ou le processus de communication et le contenu d'un message.

- Un monologue d'une heure dispensé par un hiérarchique qui vante avec conviction les vertus de la communication, de la concertation, du dialogue, du travail en équipe, etc.
- L'obligation pour l'ensemble du personnel de participer à un stage d'une semaine centré sur le développement de leur autonomie et de leur motivation.
- Une grand-messe menée par la direction générale auprès de l'encadrement sur la nécessité de déléguer davantage, voire de développer l'*empowerment* du personnel.
- Le P-DG d'une entreprise qui, tout seul, parcourt le monde pour expliquer à de nombreuses audiences admiratives que sa réussite exceptionnelle repose sur le fait qu'au sein de son organisation, il a réussi à inverser la conception pyramidale de la hiérarchie.

Au sein de ces mêmes organisations, il n'est pas rare de constater que les revendications de la « base » sont des expressions aussi paradoxales que les exemples de prescriptions paradoxales de la hiérarchie cités ci-dessus.

- « Donnez-nous plus de responsabilités. »
- « On a besoin de plus d'autonomie. »
- « On ne peut pas s'exprimer librement. »
- « Laissez-nous prendre plus d'initiatives. »

Dans des contextes interpersonnels ou collectifs, il semblerait que le discours paradoxal des parties prenantes serve de façon inconsciente à faire « diversion » en préservant leur *statu quo*. L'objectif caché de ces affirmations verbales est d'éviter tout changement actif soit par la mise en œuvre d'actions responsables soit par la modélisation. Ces paradoxes rendent les autres responsables de tout ce que l'on ne fait pas.

Attention

> *Le grand jeu de ces systèmes consiste à faire appel à des consultants ou des coachs pour qu'ils mènent à leur tour des opérations de motivation et de responsabilisation qui doivent s'inscrire dans le même esprit paradoxal. Bien entendu, ces actions aboutissent aussi au même non-changement.*

Au-delà de ces discours foncièrement homéostatiques, l'accompagnement par un coach avec des stratégies plus systémiques peut aider une organisation à mettre en œuvre des actions dans le sens du changement mesurable souhaité. L'approche du coach consistera à accompagner la création d'un contexte de prise d'initiative, d'expérimentation et de croissance au bénéfice de l'ensemble du personnel, en commençant souvent par la direction. Cette stratégie de changement culturel nécessite généralement un changement de cadre de référence collectif ou de culture d'entreprise et un engagement actif de la part de toutes les parties prenantes.

Certaines stratégies paradoxales font aussi partie de la panoplie des outils du coach créatif. Ces interventions servent, par exemple, à apporter un peu de confusion ou de chaos à la réflexion un peu trop linéaire et informative d'un client cartésien.

- Coach : « Puis-je vous poser une question ? »
- Client : « Bien sûr… »
- Coach : « C'est fait. »

Voir aussi : *Autonomie, Délégation, Polarité.*

Paresse

Lorsqu'elle est accompagnée d'un peu d'ambition, la paresse est une stratégie d'efficacité qui consiste à obtenir des résultats conséquents en un minimum de temps et en déployant un minimum d'énergie. Si l'on n'est pas conscient que la délégation nécessite une écoute profonde et une présence sans faille, il est possible de croire que c'est une stratégie de paresseux.

Dans la mesure où le coaching est une approche minimaliste qui consiste à faire en sorte que le client soit le maître d'œuvre de sa propre transformation, et dans la mesure où beaucoup de stratégies de coaching ressemblent à s'y méprendre à du management de délégation, il est aussi possible d'imaginer que le métier est tout particulièrement conçu pour des paresseux.

Voir aussi : *Délégation, Levier, Masochisme, Minimalisme, Position, Résistance.*

Participation

« Prendre part à » ou « faire partie d'un ensemble », afin de prétendre récolter une partie des fruits de l'action menée par ce collectif.

Le management participatif. La participation aux résultats.

Terme qui couvre à la fois la capacité à donner au sein d'un collectif, comme lorsque l'on participe à une réunion d'équipe, et la capacité à profiter des gains de ce collectif, comme lors de programmes de participation aux résultats qui visent à en répartir les bénéfices.

« L'important, c'est de participer. »

La participation est la pierre angulaire du management participatif, qui a pour objectif de faire en sorte que chacun des employés vive pleinement son engagement au sein d'une entreprise comme s'il en était une partie intégrante. Cette approche suppose que l'engagement qui matérialise la fidélité à long terme qui lie l'entreprise et son personnel soit réciproque. Cela implique que le personnel ne soit pas perçu et exploité comme une ressource dont on peut disposer à son gré.

Attention

Une partie d'un ensemble, d'où vient le mot « participation », est le contraire d'un segment qui, lui, a perdu toute référence à l'ensemble d'origine.

Le manque de communication authentique, l'appauvrissement des tâches effectuées par les employés, la segmentation des fonctions et des territoires, la normalisation mécaniste de l'ensemble de l'environnement professionnel finissent tous par avoir un effet de segmentation au sein de nos entreprises. Dans ces conditions, il devient de plus en plus difficile d'y installer un réel management participatif.

Le principe efficace du management participatif repose sur l'idée que les résultats d'un ensemble sont systémiques, c'est-à-dire qu'ils dépassent le potentiel de la somme des résultats des parties constituantes de cet ensemble, chacune prise individuellement. Par conséquent, le management participatif repose sur des principes foncièrement systémiques.

Voir aussi : *Ressources, Systémique.*

Passivité

Stratégies de non-résolution de problème qui servent à éviter de se poser les bonnes questions ou à éviter d'œuvrer dans un sens constructif, quelquefois sans en avoir l'air. Il existe de nombreuses formes de passivités, dont les suivantes, inspirées d'une typologie proposée par l'analyse transactionnelle :

- la passivité la plus évidente et la plus simple est, bien entendu, de ne rien faire ;

- nous pouvons parfois tenter de fuir un problème, même s'il a souvent la fâcheuse tendance à nous poursuivre afin de nous retrouver ;

- il est aussi possible de nier l'existence d'un problème, de ses éventuelles solutions ou de sa propre compétence à faire quelque chose pour le résoudre : « Nous n'avons pas les moyens nécessaires. » ;

- il est possible d'activement faire autre chose, pour paraître beaucoup trop occupé ;

- il est possible de procéder par revendications paradoxales afin de rendre les autres responsables de sa difficulté à passer à l'acte. Par exemple : « Il faut d'abord nous motiver. » ;

- il est possible de faire diversion en manifestant des émotions disproportionnées ou inappropriées telles la joie, la tristesse, la colère, la peur. Ce déploiement excessif d'émotions devient alors le problème central qui occupe les autres ;

- il est possible de mettre en œuvre un jeu de manipulation afin de rendre les autres responsables, de se poser en victime, de persécuter, de chercher un sauveteur, de jouer le rôle du public non concerné ;

- il est possible de s'adapter au problème afin d'en faire un véritable CDI, réapparaissant de façon régulière ;

- etc. La liste est longue, ce qui révèle notre incroyable capacité créative à éviter de résoudre nos problèmes.

Lorsqu'un problème est réellement résolu, il disparaît pour toujours, et cela peut laisser le sujet au dépourvu, face à lui-même et son avenir. Par conséquent, les problèmes peuvent être utiles dans la mesure où ils nous occupent ou, mieux, nous « préoccupent », à la manière d'un emploi à vie.

Le rôle du coach consiste quelquefois à accompagner son client individuel ou collectif dans l'élaboration du projet qui lui permettra de centrer son énergie sur ce qu'il souhaite vraiment construire ou accomplir. Dès lors, il est possible qu'un certain nombre de problèmes perdent de leur utilité, et finissent par disparaître d'eux-mêmes.

- « Si vous n'aviez pas ce problème, que souhaiteriez-vous réellement faire ? »
- « À supposer que ce problème soit résolu, comment voyez-vous votre environnement idéal ? »

Voir aussi : *Moyens, Paradoxe, Problème, Questions.*

Perception

Pour le fisc en ce qui concerne les impôts, percevoir est synonyme de « recouvrir » ou de « reprendre » ce qui leur appartient. Il en est de même pour nos perceptions en communication. C'est pour cela que la perception est un concept fondamental qui permet d'expliquer presque tous les phénomènes de mauvaise communication interpersonnels et interculturels.

La perception est une fonction par laquelle « *l'esprit se représente les objets* », selon le Petit Robert. Et, selon Paul Watzlawick, « *une perception est une interprétation de la réalité fondée sur le passé*[1] ». Ces deux définitions nous proposent un cadre de référence qui rend la différence entre notre « réalité » extérieure et intérieure toute relative.

Une perception est donc fondamentalement personnelle : la réalité perçue comme extérieure est filtrée par les sens de celui qui perçoit avant d'être entièrement construite par son cerveau, en se reposant souvent sur une bonne dose d'influence culturelle. Le passé individuel, constitué d'une foule d'expériences personnelles et collectives, influence en effet chacune de nos perceptions.

« *C'est une maladie naturelle à l'homme de croire qu'il possède la vérité.*[2] »

Une perception est donc une sorte de projection personnelle sur la réalité, ultérieurement confirmée par nos sens. Le phénomène de perception consiste à reprendre ce qui nous appartient, d'où la cohérence avec le concept de

---

1. Paul Watzlawick, *La Réalité de la réalité*, Seuil, 1984.
2. Blaise Pascal.

recouvrement, si cher aux impôts, et par conséquent, aux contribuables.

Lorsqu'une personne ou un collectif est dans l'illusion qu'elle perçoit la réalité extérieure en lieu et place de la confirmation d'une projection de son propre cadre de référence, elle ne peut souvent que disqualifier les perceptions différentes ou contradictoires proposées par autrui ou par l'environnement.

> « Je ne perçois pas le monde tel qu'il est, je le perçois tel que je suis. »

Chacun ayant fondamentalement droit à sa propre réalité, ce phénomène permet la différenciation et l'individuation. Lorsque, comme avec le fisc, une personne veut imposer à autrui sa propre perception ou son cadre de référence personnel, alors commencent ses difficultés à dialoguer, et débutent de nombreux conflits et jeux de pouvoir.

Voir aussi : *Illusion, Jeu, Objectivité, Projection, Réalité.*

Plan d'action

Schéma, processus ou procédure de mise en œuvre d'une décision. Un bon plan d'action est concret et complet par la qualité pratique des actions proposées, par la spécification des délais, par la définition des mesures de succès et des instruments de mesure, etc. Tel un décret d'application d'une loi, le plan d'action rend une décision tangible. Une décision sans plan d'action peut donc souvent être perçue comme un vœu pieux.

Le coaching est aussi une approche qui se veut concrète par sa préoccupation et ses outils centrés sur la mise en œuvre des décisions des clients. Par conséquent, le coaching n'est pas centré sur la seule prise de conscience du client. Au-delà de ses décisions qui suivent un changement de cadre de référence, le coaching se penche aussi sur l'accompagnement des actions décidées par le client, jusqu'à leur entière réalisation.

Attention

> *Il faut se méfier de ne pas réduire le coaching à un travail de production de plans d'action ni penser que ce n'est que le plan d'action qui valide la qualité d'une séquence de coaching.*

En effet, ce qui caractérise une séquence réussie de coaching, c'est que l'action envisagée par un client repose sur une toute nouvelle perspective, potentiellement bien plus performante. Cette nouvelle perspective est précédemment provoquée par des questions et reformulations puissantes, elles-mêmes facilitées par une relation confiante et stimulante.

Voir aussi : *Décision, Résultat.*

Polarité

Phénomène de relation ou de communication verbale entre deux pôles, personnes, entités ou systèmes collectifs qui restent en opposition ou en complémentarité fermée, comme lors d'une symbiose. Comme un processus en boucle, il est répétitif et prévisible, souvent interminable. De ce processus d'échange en argumentation, face à autrui, face à un groupe, ou encore de groupe à groupe résulte un manque de circularité ou de fluidité multipolaire.

Attention

> *En physique, il est connu que toute énergie déployée dans un sens suscite presque automatiquement une énergie équivalente et contraire dans le sens opposé, qui a pour effet d'annuler la première.*

Ce phénomène en électricité s'appelle la « résistance ». En entreprise, lors de polarités dans la communication, il s'agit souvent d'une résistance au changement :

- d'une part, lorsque le changement en question est imposé par la hiérarchie dans le cadre d'une polarité verticale ;
- et, d'autre part, lorsqu'une discussion argumentative se produit en horizontal entre deux partenaires de niveaux équivalents.

Une polarité en communication se manifeste lors d'une discussion : toute intention volontaire qui est déployée par un interlocuteur dans un sens précis suscite immédiatement de la part de l'environnement une intention contraire qui a pour objet d'annuler la première. En communication, cette polarité est bien illustrée par le jeu de « Oui, mais ».

C'est pour cela, sans aucun doute, que le coach ne cherche pas à influencer son client quant à la nature de ses objectifs ou ambitions, et ne manifeste aucune intention quant à la forme ou les moyens que peut prendre son parcours pour les atteindre. En situation de coaching individuel ou collectif tel un coaching d'équipe, le rôle du coach est souvent aussi d'intervenir sur les processus de polarité propres aux systèmes du client. Cela consiste à mettre en œuvre des techniques qui dévient les « polarités » interpersonnelles ou collectives afin d'augmenter progressivement le niveau de circularité de la communication ou de l'énergie au sein du système.

Voir aussi : *Accompagnement, Aspiration, Circularité, Discussion, Judo, Vide.*

Position

Selon l'approche systémique et dans le cadre d'une relation, il existe deux types de positions, et non trente-six : la position haute et la position basse, toutes deux définies ci-dessous.

Position basse

Position de délégation ou de passivité apparente qui peut avoir lieu soit vers le haut de la hiérarchie, soit, moins souvent, vers le bas. La position basse est considérée comme plus habile, sinon plus fluide. Elle est caractérisée par la communication non verbale ou analogique. Elle consiste à être et à agir à la périphérie plutôt qu'au centre de systèmes relationnels.

La position basse procède de façon plus active ou proactive, c'est-à-dire non réactive, en complémentarité avec l'interlocuteur, en se positionnant sur un autre registre ou terrain, et en suivant une logique non linéaire. Elle est généralement considérée comme plus habile ou stratégique, dans la mesure où elle dirige l'interlocuteur en l'obligeant à réagir à une créativité relationnelle incessante.

La posture du coach est plus confortable en position haute en ce qui concerne la maîtrise du contexte, par exemple en restant garant de l'élaboration et du respect du contrat. Il lui sera cependant utile de savoir manier de façon stratégique la position basse tout au long de sa relation avec le client individuel ou collectif. Cela permet une réelle relation d'accompagnateur, au service de l'énergie active du client.

Position haute

Position de direction affirmative, assertive ou dominante par son attitude. La position haute est caractérisée par la communication verbale ou digitale. Elle consiste à être et à agir de façon réactive et centrale, en symétrie ou en polarité avec l'interlocuteur, c'est-à-dire en escalade relationnelle sur le même terrain, par exemple en argumentant pour avoir raison. La position haute suit généralement une logique linéaire et correspond à une approche d'expert.

Paradoxalement, et malgré les apparences, la position haute est considérée en approche systémique comme la plus prévisible, et par conséquent la plus vulnérable dans la mesure où le sujet se met à découvert et provoque presque automatiquement une résistance chez son interlocuteur.

Voir aussi : *Accompagnement, Judo, Polarité, Résistance, Silence, Vide.*

Posture

Comme pour la « posture du coach ». Opposé de l'imposture dans le même métier. Terme générique qui englobe l'attitude du coach, le type de relation qu'il propose, son cadre de référence et l'ensemble de ses compétences ou de son savoir-faire lorsqu'il pratique son métier.

Voir aussi : *Compétences, Imposture.*

Pouvoir

Capacité d'action, comme pour le concept de puissance, ou encore capacité d'empêcher une action comme pour le pouvoir de nuisance, si cher à nos politiciens. Le concept de pouvoir concerne surtout la capacité de faire et de faire faire par les autres, comme au sein d'une relation hiérarchique. La puissance est une force équivalente qui peut être perçue comme une capacité plus tranquille à se mouvoir sans dépendre d'autrui ni craindre sa possibilité de restreindre ou de nuire.

Par conséquent, le concept de pouvoir est souvent perçu comme une puissance négative ou comme une possibilité d'abus de pouvoir, surtout sur les autres. Il est généralement mis en opposition au concept de « puissance », qui définit une force intrinsèque plus personnelle. La puissance serait comme un pouvoir à l'état de potentiel.

Il existe, en entreprise et ailleurs, différentes formes de pouvoir comme le pouvoir légal, le pouvoir juridique ou contractuel, le pouvoir de compétence ou d'expertise, le pouvoir d'influence ou relationnel, et le pouvoir de l'action comme lorsque l'on passe à l'acte en mettant les autres devant un fait accompli.

Les compétences du coach sont réputées au service du développement de la puissance du client, plutôt que de son pouvoir. Cela dit, une démarche de coaching accompagne le client dans le développement de sa compétence, de ses relations et de sa capacité d'action durable centrée sur l'obtention de résultats tangibles.

Voir aussi : *Puissance.*

Préjugé

En communication, un préjugé est une opinion que l'on se forge sur un ensemble inconnu ou un événement futur. Il faut toutefois savoir que nos perceptions ne sont généralement que des préjugés en temps réel, ce qui en ferait presque un synonyme. En effet, comme pour nos perceptions, les préjugés reposent généralement sur nos cadres de référence, nos expériences passées, la culture ambiante, notre éducation, etc.

Voir aussi : *Perception, Projection.*

Prescription

Comme pour le coaching « prescrit ». C'est une démarche de coaching proposée, voire imposée à une tierce personne soit par un hiérarchique soit par un représentant des ressources humaines, habituellement pour les mêmes raisons. Le coaching prescrit met en scène au minimum trois acteurs dans la définition de la relation d'accompagnement : le prescripteur, le client désigné et le coach. En général, ce triangle relationnel rend la pratique du métier beaucoup plus complexe que son origine sportive et sa finalité centrée sur la réussite du client ne le prévoyaient.

Par conséquent, la théorie des contrats triangulaires issue de l'analyse transactionnelle et l'apport de l'approche systémique sur les stratégies de bouc émissaire et autres constellations familiales deviennent des aides presque indispensables pour pratiquer le métier de coach en entreprise aujourd'hui. Savoir préciser les enjeux au sein de relations triangulaires n'est pas utile pour pratiquer l'art du coaching lui-même. Cette compétence devient toutefois indispensable pour déjouer la complexité des stratégies de manipulation propres aux entreprises et hiérarchies prescriptrices.

Proactivité

Concept souvent évoqué dans un contexte de management lorsque l'on aborde le manque de réactivité d'une organisation. La réactivité serait comme un mouvement réflexe au niveau d'un organisme. La réaction est instinctive à un stimulus externe, elle n'attend pas la commande du cerveau. De même, au sein d'une organisation, la réactivité du personnel consisterait à se passer de directives venant de la direction afin de réagir immédiatement à l'environnement.

Attention

> *La proactivité est un concept paradoxalement promu par la direction d'entreprises fortement centralisées.*

Elle consisterait à aller un petit pas au-delà de la réactivité, et à vouloir que le personnel agisse spontanément auprès de l'environnement avant même de recevoir un stimulus de sa part, cela toujours sans attendre de directives de la part de la direction. Bien entendu, si le contexte mis en place par la hiérarchie permet tout sauf la prise d'initiatives, au risque de se faire vertement remettre à sa place, il est inutile de s'attendre à ce que le personnel fasse preuve de proactivité, ni même de réactivité.

Par conséquent, le contexte de centralisation et de contrôle de beaucoup d'organisations permet paradoxalement à la direction de prôner le concept de proactivité, d'évoquer son application avec envie, de demander des plans de formation susceptibles de le développer, etc.

Le coaching permet d'accompagner des clients dans la mise en œuvre de leurs ambitions en suivant leur motivation afin qu'ils déterminent leurs moyens et les déploient à leur façon. C'est cela, savoir établir un contexte susceptible de favoriser la proactivité.

Voir aussi : *Autonomie, Délégation, Paradoxe, Réactivité, Sujet.*

Problème

Mot galvaudé qui sert à évoquer le contraire de la direction que pourrait prendre un travail de coaching. Si ce qui pousse un client ou son environnement à faire appel à un coach ou à prescrire un coaching est bien souvent un inconfort ou un problème dans le présent, le coaching est surtout une démarche centrée sur une aspiration vers des solutions pour changer d'avenir.

* Si un client veut perdre du poids, le coaching peut plutôt l'aider à gagner en légèreté.

* Si un autre client veut apprendre à mieux jongler avec ses nombreuses contraintes, le coaching peut l'aider à s'en libérer.

* Si une équipe souhaite devenir plus efficace, le coaching peut lui permettre de doubler sa performance.

* Si un client part du principe qu'il faut bien comprendre son problème pour en trouver la solution, la découverte d'une solution totalement originale permet aussi de comprendre autrement ce qui paraissait être un problème.

Par conséquent, si le client souhaite souvent longuement expliquer ou définir le contexte de son problème, le véritable travail de coaching ne peut véritablement démarrer que lorsque le client commence :

- d'abord à radicalement changer de perspective pour percevoir des opportunités là où n'apparaissaient que des limites ;
- puis à se concentrer sur la recherche et la mise en œuvre de nouvelles solutions centrées sur la création d'un avenir différent.

Voir aussi : *Aspiration, Indicateur.*

Procédure

Équivalent d'un protocole scientifique. D'après le Petit Robert, « *un ensemble de règles d'organisation d'ordre administratif pour parvenir à un certain résultat*», sinon à un résultat certain. Par conséquent, une procédure est une démarche de contrôle qui serait élaborée afin d'assurer une prévisibilité ou une reproductibilité de résultats dans des situations foncièrement différentes, mais qui présentent des caractéristiques relativement identiques.

Attention

De nombreuses écoles de coaching proposent à leurs apprentis d'apprendre des démarches de coaching relativement standardisées, voire des procédures, qui suivent les mêmes étapes consécutives quelle que soit la préoccupation du client.

Le coaching est réputé ne pas être une procédure. La réelle démarche de coaching est fondamentalement un *processus* émergent qui suit les aléas des découvertes du client au fur et à mesure de son cheminement imprévisible. Ainsi, le coaching est une démarche réputée ouverte à l'originalité de chaque client de façon adaptée à sa différence intrinsèque. Faute de quoi, l'accompagnement risque de se transformer en une démarche rigide à laquelle le client est prié de se plier, bien entendu et paradoxalement afin de l'aider à développer son autonomie.

Voir aussi : *Contrat, Paradoxe, Processus.*

Processus

À ne surtout pas confondre avec le concept de procédure. Comme le dit J.-A. Malarewicz, un processus serait plutôt une « *procé-molle* ». Un processus est un ensemble *souple, évolutif* et structuré de phénomènes actifs, organisés dans le temps.

Un processus de croissance. Un processus d'évolution. Un processus de découverte.

Il est souvent affirmé que le coach est centré sur les processus du client, plutôt que sur le contenu de son discours comme le ferait un expert. Cette affirmation propose de faire référence à un éventail relativement large de champs d'observation :

- les structures linguistiques du discours du client ;
- ses habitudes comportementales ;
- ses scénarios de réussite et d'échec ;
- ses schémas de pensée et d'émotion ;
- ses croyances autoconfirmantes ;

- son système de valeurs ;
- ses motivations profondes, ses aspirations ;
- etc.

Chacun de ces champs d'observation n'est pas statique, mais dynamique et évolutif. De plus, ils interagissent tous les uns avec les autres. Ce sont des processus.

Les processus du client s'expriment non seulement en lien avec son discours, mais aussi au sein de la relation avec le coach, dans son rapport à son objectif ou son ambition, dans sa façon de se développer, voire de se transformer, etc. L'observation et l'écoute de tous les processus du client, y compris dans sa relation avec le coach, offrent à ce dernier de nombreuses occasions de proposer ou provoquer de subtils rééquilibrages de cadres de référence.

Il existe quelques ensembles théoriques qui décrivent des processus précis et répétitifs comme les notions de jeu, de mini scénario et de scénario en analyse transactionnelle. La limite de ces modèles réside dans leur parti pris pour une approche relativement négative, souvent utilisée comme s'il s'agissait d'une démarche de diagnostic ou d'une expertise. Au sujet de la notion de jeu, par exemple, il y a encore trop peu de réflexion à l'heure actuelle sur ce que pourraient être des processus équivalents, répétitifs, *positifs et constructifs*.

Au sein d'une équipe aussi, les processus collectifs révèlent la qualité des interfaces opérationnelles et expriment de nombreux éléments de la culture active du système.

- Les processus de réunion au sein d'une équipe sont souvent répétitifs, relativement identiques d'une réunion à l'autre, alors que les contenus ou les sujets traités offrent aux participants l'illusion qu'à chaque réunion, leur travail est différent.

● Les processus d'une réflexion collective dont l'objet est de préparer une collaboration au sein d'un partenariat donnent de nombreux indicateurs sur les futurs processus qui structureront, voire détermineront la réussite de ce même partenariat.

En approche systémique, il est conceptuellement utile de considérer que les processus structurent de façon inconsciente des actions ou des comportements au sein d'ensembles cohérents, afin de les reproduire. Cela sert à limiter la complexité qui consisterait à les réinventer chaque fois. Les processus seraient ainsi dans le temps l'équivalent de l'ADN sans la matière. Par conséquent, un processus donné au sein d'un système précis s'inscrit généralement dans son cadre de référence, et a tendance à s'autojustifier, voire à se renforcer.

Pour une personne ou un ensemble collectif comme une équipe ou une entreprise, une approche d'analyse appelle plus d'analyse, le déploiement d'émotions appelle plus d'émotions, les dynamiques de contrôle appellent plus de contrôle, l'attente et le report appellent plus d'attente et plus de report, des réunions appellent plus de réunions et la discussion appelle plus de discussion.

Il faut savoir qu'en coaching, le parti pris de se centrer sur l'action appelle plus d'action, ce qui génère des résultats. Par conséquent, en privilégiant la mise en œuvre d'actions, le coaching est une approche résolument centrée sur le développement de processus efficaces, eux-mêmes centrés sur l'obtention de résultats durables.

Voir aussi : *Génétique, Jeu.*

Profit

Bénéfice financier. Le profit est pour une entreprise l'équivalent de l'oxygène pour un système vivant. Si une entreprise ne produit plus de profits, elle ne peut plus s'alimenter, se met hors-jeu, voire périclite.

Attention

> *Cela ne signifie pas que le but le plus important de la vie est de pouvoir continuer à respirer. Pas plus que le sens d'une entreprise est de produire des profits.*

Malheureusement pour beaucoup d'entreprises, le sens de la notion de profit comme moyen essentiel pour continuer à vivre, voire à se développer, est peu à peu devenu un but en soi. Pour ces organisations en perte de sens, d'une part, la création de valeur ajoutée au bénéfice de leurs clients et, d'autre part, la création d'un environnement d'épanouissement et de croissance au bénéfice de leur personnel ne sont que des moyens, devenus presque accessoires.

Pour retrouver un sens plus juste et durable, beaucoup d'organisations ont besoin de se rappeler que les profits qu'elles dégagent ne sont qu'un moyen nécessaire pour continuer à fournir à l'humanité un produit ou un service durable, utile et respectueux de l'environnement à long terme.

Voir aussi : *Ressources*.

Projection

Dans le domaine de la communication, la projection est synonyme de perception. La projection, comme la perception, est un phénomène autoconfirmant qui consiste à croire, puis à confirmer, que ce que l'on perçoit correspond à la réalité.

Attention

– Un extraverti accorde généralement plus d'importance aux perceptions ou aux projections des autres. Il cherche généralement à activement soutenir leur expression.

– Alors qu'un introverti accorde plus d'importance à ses propres perceptions. Il va généralement les privilégier, mais sans nécessairement les exprimer au sein de son environnement.

Voir aussi : *Illusion, Perception, Réalité.*

Projet

Plan, intention, résolution. Terme apparenté à la projection, comme lorsque l'on se projette dans l'avenir. Si « *l'homme est projet* », en tout cas selon Jean-Paul Sartre, alors sans doute nos projets d'avenir servent aussi à nous distinguer de notre héritage ou de notre passé. Par conséquent, la force existentielle d'un projet provient du fait qu'il nous permet de nous définir :

- un peu plus de façon proactive, en fonction de l'avenir potentiel que nous souhaitons nous élaborer ;
- un peu moins de façon réactive, en fonction du poids des influences de notre passé.

Si le coaching est résolument centré sur l'avenir du client, l'expression et la réalisation de son projet prennent une place proéminente dans la pratique du métier.

Au niveau plus systémique, individuel ou collectif, un projet est apparenté à un « champ de forme » : à un ensemble imaginé ou virtuel qui attend sa matérialisation.

Dans ce sens, un projet est à l'image d'un « moule », composé à la fois d'une forme et d'un vide. Un projet attend d'être rempli par un contenu, ce qui lui donnera matière, ou le matérialisera. Ainsi, un projet est une visualisation détaillée d'un ensemble à créer, qui précède et permet sa matérialisation. Constatons qu'au sein de notre culture relativement matérialiste, nous accordons malheureusement beaucoup plus d'importance au futur contenu d'un projet qu'à sa forme initiale.

Il est généralement admis que plus un projet répond aux *aspirations* d'un grand nombre de personnes, telle une *conspiration*, plus il a de chances de se matérialiser. Il est aussi envisageable que ce soit surtout l'énergie ou l'aspiration de ces acteurs qui permette la matérialisation de leur projet.

Pour un client individuel ou collectif en coaching, la bonne définition d'un projet est indispensable, soit par la quantité d'énergie et de moyens qu'il permet de mobiliser, soit par son absence et la nécessité de le faire émerger, de le définir pour ensuite le mettre en œuvre. Peu ou prou, la pratique de coaching concerne donc très souvent l'accompagnement des projets des clients, sinon de leurs ambitions. Paradoxalement, il faut savoir que si le coach n'a pas de projet sur son client, il est absolument indispensable que son client puisse définir son propre projet.

Voir aussi : *Aspiration, Conspiration, Héritage, Résultat, Temps.*

Puissance

Force intrinsèque, alors que le pouvoir, qui en est quelquefois son expression, est une force appliquée. La puissance serait donc à l'être ce que le pouvoir est au faire.

Attention

> Il est à noter que pour de nombreux professionnels des métiers du développement personnel et de la communication dont parfois des coachs, le concept de puissance est valorisé aux dépens de celui de pouvoir.

Tout porte à croire que pour ces métiers, la puissance perdrait de sa noblesse en passant à l'acte. Ce cadre de référence quelque peu disqualifiant pour les hommes et les femmes d'action mérite sans doute une remise en question si l'on veut devenir un bon coach en entreprise.

En analyse transactionnelle, la notion de puissance est accompagnée de celles de protection et de permission. Les trois sont associées sous la forme d'un triangle positif qui serait l'équivalent résolutoire du triangle dramatique, autrement connu sous le nom de « triangle de Karpman », du nom de son inventeur.

En coaching, le client est non seulement considéré comme puissant, mais aussi comme intrinsèquement intelligent, créatif, motivé, et très bien renseigné sur tout ce qui concerne son ambition, ses enjeux ou son problème. Le coach lui offre tout simplement un espace de croissance et l'accompagne dans sa démarche jusqu'à l'aider à développer ses propres capacités de passage à l'action.

La notion de puissance sert aussi à qualifier certains outils de coaching. La question puissante, par exemple, est la clé de voûte parmi les compétences du coach. Elle sert à provoquer chez le client une surprise, un changement de perspective, un élargissement de son cadre de référence, une prise de conscience. Avant d'arriver à ces résultats quelquefois surprenants, les questions puissantes provoquent généralement de la part du client un profond silence. Une question puissante ne peut être servie qu'au bon moment, lorsque le client est en confiance au sein d'une relation respectueuse, bien centré sur son enjeu ou sur son ambition. Pour qu'un entretien de coaching soit complet, la prise de conscience du client doit être accompagnée jusqu'à être traduite en objectifs d'application et en plan d'actions mesurables.

Voir aussi : *Entrepreneur, Moment, Pouvoir, Questions, Résultat, Silence.*

Q

Qualité

Au singulier, la notion de qualité concerne le degré de constance ou de prévisibilité d'un bien ou d'un service, selon des critères définis, sur un marché déterminé, au sein d'un contexte culturel précis. Lorsqu'il rejoint la notion de luxe, le concept de qualité est parfois perçu comme synonyme de perfection ou de « zéro défaut » au sein d'un cadre de référence totalitaire comme lorsqu'il s'agit de « zéro tolérance ».

En entreprise, quelquefois sans beaucoup plus de précision, un haut niveau de qualité figure parmi les promesses qui accompagnent les biens et services proposés à la clientèle. Il est à souligner toutefois que les instruments de mesure du niveau de la qualité promise véhiculent souvent un cadre de référence beaucoup plus complaisant.

Il n'est pas rare de constater que certaines entreprises affichent avec fierté un taux de 85 % ou 90 % de satisfaction de leurs clients, plutôt que de souligner qu'elles ont régulièrement 10 % à 15 % d'insatisfaits, ce qui est énorme.

D'habitude, un degré élevé de qualité ou de prévisibilité dans la vente d'un bien (ère industrielle), d'un service (ère

© Groupe Eyrolles

de la relation) ou d'une information (ère digitale) permet de fidéliser une clientèle ciblée, voire de la développer.

Qualités

Au pluriel, l'utilisation de ce terme peut prêter à confusion. D'une part, il désigne les caractéristiques perçues comme positives d'un sujet ou d'un objet, comme par exemple : « Cette femme n'a que des qualités. » D'autre part, il désigne les critères qualitatifs de façon plus générale, donc à la fois les atouts et les limites d'un objet ou d'un sujet, comme par exemple les qualités d'un moteur, ou d'un outil.

Cette confusion est sans doute présente pour nous rappeler qu'à la manière du yin et du yang, nous avons tous les qualités de nos défauts et vice versa. L'un n'est généralement que l'ombre de l'autre.

Une « rapidité de compréhension » ou une « lenteur réfléchie », une « très grande sensibilité » ou une « bonne capacité à encaisser » peuvent être des qualités ou des défauts selon le contexte et, surtout, selon la perception ou la projection de l'observateur.

Le débat sur l'importance que l'on doit accorder aux qualités positives ou négatives fait toutefois toujours rage dans différents milieux du monde de la communication, du développement personnel, de l'apprentissage et maintenant du coaching. Les conclusions des uns et des autres sont largement influencées par des cadres de référence autoconfirmants, culturels et psychologiques.

Attention

> *Il est prouvé depuis longtemps que trop de renforcement positif peut développer une autosatisfaction complaisante, et que trop de commentaires négatifs peut provoquer un abandon démotivé.*

Il est utile de rappeler que les recherches pédagogiques ont maintes fois confirmé que la communication la plus efficace est celle qui équilibre à 50/50 les retours d'informations « positives » et « négatives » évaluant le parcours et les progrès d'un sujet lors de son apprentissage.

Par conséquent, quelle que soit l'attente du client individuel ou collectif, la neutralité proverbiale du coach consisterait probablement à fournir autant dans une dimension que dans l'autre. Au-delà de la neutralité, cette attitude offre aussi un contexte d'apprentissage complet, au sein duquel le client peut développer son propre équilibre autonome.

Voir aussi : *Authenticité, Bienveillance, Feed-back, Feedforward.*

Quantique

Qui repose sur la physique quantique ou la mécanique quantique, qui est post-einsteinienne en ce qui concerne ses applications à la physique de l'atome. La mécanique quantique est positionnée à un autre niveau de réalité que celui de la mécanique newtonienne, par exemple.

Comme pour certains chercheurs en biologie moléculaire et d'autres domaines d'études à la frontière de nos connaissances, de nombreux physiciens spécialistes de la physique nucléaire sont aujourd'hui considérés comme des « maîtres à penser autrement » ou des philosophes. Les hypothèses qu'ils proposent sur d'autres façons de percevoir la réalité servent d'inspiration pour pratiquer le métier de coach et pour accompagner des clients dans des stratégies de réussite à la fois originales et performantes.

La notion relativement classique de zéro délai. Suite à l'élaboration par une équipe d'un plan d'action pour mettre en œuvre une ambition complexe sur une durée d'un an, la question qui peut leur être posée est : « Comment arriver au même résultat, sinon mieux, mais immédiatement ? »

La relation de la mécanique quantique au coaching systémique concerne de nombreuses similitudes entre les deux cadres de référence. Les deux considèrent par exemple que la distance dans l'espace et dans le temps n'est qu'une vue de l'esprit qui peut être remise en question. Le coaching peu se faire par téléphone, et ses résultats peuvent être immédiats.

Nous constatons souvent que ce qui prend beaucoup de temps dans les organisations, ce ne sont que les multiples stratégies de temporisation et de report. Le coaching est une démarche qui propose de se positionner tout de suite dans une stratégie d'atteinte de résultats immédiats. Par conséquent, une seule session d'accompagnement en coaching peut quelquefois être largement suffisante pour définir à la fois une ambition et les moyens de la mettre en œuvre. Cela tranche avec d'autres approches qui élaborent un parcours sur quinze sessions étalées sur six mois, parfois avant même d'en définir le réel objet.

De même, la distance dans l'espace n'est pas un facteur restrictif important pour de nombreux coachs qui se servent régulièrement de leur téléphone et d'autres moyens modernes de communication pour accompagner des clients internationaux.

Les équipes délocalisées, le travail à domicile, les téléréunions, etc.

L'époque où il était presque indispensable d'avoir une adresse professionnelle, un cabinet, une assistante et pourquoi pas un divan pour accompagner un client de façon efficace est révolue en ce qui concerne le coaching, qui se situe plus volontiers dans un contexte dématérialisé. Répétons-le, le coaching est né avec la révolution de l'information et en hérite de nombreuses caractéristiques.

Le cadre de référence du coaching systémique offre aussi d'autres similitudes avec la mécanique quantique. Pour donner un exemple courant, les deux accordent de plus en plus d'importance à l'étude de ce qui se passe *entre* des entités apparentes, bien plus qu'à l'étude des entités elles-mêmes. Ce cadre de référence centré sur les interfaces plutôt que sur la matière est à la base même de toute approche de coaching d'équipe et d'organisation.

Questions

Phrase à la forme interrogative en vue d'obtenir de nouvelles informations. Le contexte de leur utilisation peut toutefois varier de l'interrogatoire policier à l'interview non directive lors d'une enquête de journaliste ou d'étude sociologique.

La compétence qui consiste à savoir poser de bonnes questions, et surtout, l'art de poser *une seule* question puissante est, paraît-il, la pierre angulaire de la pratique du coaching.

Par conséquent, pour être un bon coach, il faut savoir discerner entre questions et questions. Les questions les plus puissantes permettent de créer un vide qui sert littéralement à aspirer les réflexions et motivations les plus profondes du client. Ces questions sont celles auxquelles le client répond d'abord par un profond silence, signe de réflexion ou de recherche intérieure. Ainsi, l'indicateur principal pour évaluer si une question posée par un coach est véritablement puissante, c'est le silence du client qui la suit.

De loin, les questions les moins utiles sont informatives, centrées sur le passé et sur la compréhension du problème ou du contexte du client. À celles-là, le client sait répondre avec de nombreux détails et détours explicatifs. Elles ne servent souvent qu'à renforcer le cadre de référence du client ou à renforcer sa dynamique d'analyse. Celle-ci ne consiste souvent qu'à se perdre au sein de nombreux détails inutiles et historiques. Par conséquent, les questions informatives ne sont pas véritablement considérées comme des questions utiles lors d'entretiens de coaching.

- « Pouvez-vous me décrire le contexte de votre situation actuelle ? »
- « Qu'est-ce qui t'empêche de résoudre ton problème ? »

À un premier niveau, les questions plus « puissantes » en coaching servent à centrer le client sur son avenir et sur son propre potentiel de solutions. Plus fondamentalement, elles sont posées de façon à faciliter la transformation du cadre de référence du client, afin de l'aider à changer de perspectives.

« À supposer que votre problème puisse être résolu de façon satisfaisante avant la semaine prochaine, que pourriez-vous faire en priorité dès cet après-midi ? »

En ce qui concerne les autres types de questions, il est techniquement plus utile de faire un choix judicieux entre l'utilisation de questions ouvertes, plus appropriées en début d'entretien ou de séquence de coaching, et servir plus tardivement des questions fermées qui, comme un entonnoir, préparent les décisions ou conclusions du client.

« Qu'est-ce que vous voulez faire ? », « Quelles sont vos options ? », puis : « Préférez-vous commencer par l'option A ou par l'option B ? »

Ensuite, et bien évidemment, il vaut mieux utiliser des questions neutres plutôt que dirigées, telles celles qui cherchent à influencer la réponse de l'interlocuteur.

- « Voulez-vous que l'on se revoie rapidement ou préférez-vous vous donner un peu plus de temps ? » (Neutre/fermée.)
- « Ne voulez-vous pas que l'on se revoie assez rapidement ? » (Dirigée.)

En coaching, les meilleures questions ou les plus puissantes sont celles qui aident le client à prendre conscience des limites de son cadre de référence ou de sa façon de penser afin de lui permettre de chercher autrement.

« Si les deux options que vous envisagez n'étaient que deux facettes d'une même solution, quelle serait une autre option réellement différente de celles-ci ? »

De nombreux coachs sont beaucoup trop préoccupés par les prochaines questions qu'ils vont devoir poser à leurs clients. Cela limite la possibilité d'écoute profonde du sens de leurs propos ou de leur façon de réfléchir. Ces clients seraient souvent mieux accompagnés par un silence attentif parsemé de relances passives, de reformulations judicieuses, ou encore de réactions qui servent à déséquilibrer les cadres de référence trop limités.

« En philosophie, la question survit à la réponse, ou plutôt, elle lui survit en dépit de chaque réponse qui lui est apportée. C'est pourquoi l'histoire de la philosophie, c'est l'histoire des questions qui reviennent et des réponses qui passent.[1] »

Voir aussi : *Hypothèse, Reformulation, Relances, Silence, Vide.*

---

1. Alexandru Dragomir, *Banalités métaphysiques*, Vrin, 2008.

R

Réactivité

Capacité de réaction instinctive et immédiate, comme lorsqu'un réflexe corporel s'active sans que le cerveau ne soit préalablement consulté. Bien entendu, après coup, l'information circule pour permettre au système de tirer un enseignement durable de la situation d'urgence.

Au sein des entreprises, la réactivité consiste aussi à agir sans attendre face à une situation urgente ou imprévue, et par conséquent sans que la direction n'en soit préalablement informée. Malheureusement, cette réactivité salutaire s'amenuise avec la fâcheuse tendance de la hiérarchie à vouloir tout contrôler et centraliser. La réactivité se développe toutefois tout naturellement au sein des systèmes décentralisés et en réseau qui savent mettre en œuvre une réelle dynamique de délégation.

Une réactivité au sein d'un service commercial consiste à décrocher son téléphone après une seule sonnerie, et non après trois comme le prétendent bon nombre de fonctionnaires.

Il est cependant aussi utile d'envisager la proactivité, qui consisterait à appeler le client avant même qu'il ne le fasse. Résolument centré sur le développement de la responsabilité active de ses clients et sur l'obtention de résultats de performance, le coaching est réputé efficace dans le développement de la réactivité responsable de ses clients, sinon de leur proactivité.

Voir aussi : *Délégation, Juste à temps, Proactivité, Réseau.*

Réalité

Si, comme le dit le dicton : « La réalité dépasse la fiction », elle échappe aussi à notre perception. En toute relation interpersonnelle comme interculturelle, la grande manipulation consiste à croire et faire croire qu'il n'y a qu'une seule réalité et qu'elle est indéniable ou incontournable.

Si, à un instant « T », il peut éventuellement exister une perception d'une réalité partielle et consensuelle autour d'un objet limité, il y a au minimum autant de réalités que de personnes qui perçoivent. Par conséquent, en ce qui concerne nos perceptions, la réalité, c'est qu'il n'y a pas de réalité !

Le coaching est un métier fondé sur le dialogue et le maniement judicieux d'outils de communication, dont l'objet est d'aider tout sujet individuel ou collectif à définir et construire sa propre réussite, en se reposant sur ses propres capacités et motivations, et en œuvrant au sein de sa propre réalité.

Voir aussi : *Dialogue, Expert, Perception, Projection.*

Reformulation

Outil de communication souvent utilisé en coaching. Une reformulation efficace est autre chose que la répétition rituelle, voire redondante, d'une information reçue. En effet, une reformulation réexprime le contenu linguistique d'une communication, mais avec des mots subtilement différents, afin de manifester à l'émetteur d'origine que l'on a compris le sens profond de son expression. Par conséquent, l'objet d'une reformulation est de renvoyer à un émetteur son message, en respectant le fond et en personnifiant la forme, sauf éventuellement pour les mots clés. Ce processus de communication peut permettre au client de continuer à développer ou explorer son idée, peut-être avec de nouvelles permissions et dans de nouvelles dimensions.

L'expression et la réexpression des sentiments sont des formes de reformulation plus intimes, et quelquefois plus intrusives, qui expriment des interprétations de la communication analogique ou qui passent par la gestuelle, la position, le ton, les expressions, etc., de l'interlocuteur. La reformulation sert à dire à l'interlocuteur que l'on a perçu quelque chose d'autre dans son expression, de plus important dans sa communication, au-delà de ses simples mots.

« Quand tu parles comme ça de ta maison et de ton jardin, je sens la qualité et l'importance de l'enracinement et de la paix que ces lieux te procurent. »

L'objet de cet outil de communication complémentaire est d'offrir au client une opportunité ou une permission d'explorer ses émotions et de communiquer une dimension plus personnelle du contenu de son expression. Inutile de préciser qu'au-delà de la formulation de questions, de tels outils peuvent occuper une place privilégiée dans la panoplie professionnelle du coach.

Voir aussi : *Authenticité, Écoute, Questions, Silence.*

Relances

Techniques de communication d'interview, et donc de coaching, très faciles et efficaces, et beaucoup trop souvent oubliées par les coachs débutants, au profit de questionnements plus lourds et interruptifs. Les relances servent essentiellement à suivre et à faire parler l'interlocuteur en lui laissant toute la place qu'il souhaite occuper, sans chercher à l'influencer.

Les relances passives sont une sorte de ponctuation linguistique ou gestuelle, souvent sous forme d'onomatopées, que l'on émet pour jalonner le discours ou l'action de l'autre. Elles illustrent qu'on le suit attentivement. Cette technique est habituelle dans les métiers commerciaux.

Hm-hm, hm-hm, oui, oui, ah bon ? Oui ! Hm-hm, etc. (Hochement de tête ou clignement d'yeux en suivant le rythme du discours de l'interlocuteur.)

Quelques relances plus actives consistent à répéter le dernier mot de l'interlocuteur avec une intonation interrogative, ou encore à demander d'en savoir plus sur un mot clé au sein de son discours.

« Prochainement ? » ou encore : « Prochainement, c'est pour quand, par exemple ? »

Afin de ne pas influencer le sens ou le rythme de la réflexion de l'interlocuteur accompagné, le propre des bonnes relances est de rester neutres sur la forme et sur le fond. Il s'agit de suivre l'interlocuteur sans le presser ni l'interrompre tout au long d'une écoute attentive, et de ne pas utiliser de mots clés autres que ceux qui sont issus de son discours. Le coaching est, rappelons-le, centré sur l'atteinte de résultats. Par conséquent, il est beaucoup plus utile de relever et répéter des mots centrés sur l'avenir et les solutions du client, plutôt que ceux centrés sur l'analyse de son passé, ses difficultés, ses émotions négatives ou son problème.

Puisque le vide appelle le plein, il en découle que quelquefois en face à face, la meilleure « relance » est tout simplement une présence chaleureuse et un regard attentif accompagnés d'un silence respectueux.

Voir aussi : *Écoute, Silence, Vide.*

Relation

Ce qui relie. En coaching, il s'agit du lien ou du rapport entre le coach et le client. Un certain nombre de métiers comme le coaching, la thérapie et le développement personnel, mais aussi la formation, voire le conseil, sont communément appelés des « métiers de la relation ». Paradoxalement, dans la pratique de presque tous ces métiers, ce qui est mis en avant ce sont des techniques et des stratégies d'intervention, des théories de la personnalité, des modes opératoires, des outils de diagnostic, des pratiques spécifiques et d'autres connaissances incontournables.

Attention

Dans tous ces métiers, de nombreuses études prouvent que c'est surtout la qualité de la relation entre le professionnel et le client qui est le premier et souvent le seul facteur de succès de la méthode ou de l'approche pratiquée.

Par conséquent, en thérapie, en développement personnel comme en coaching, la complexité d'une approche théorique a relativement peu d'incidence sur la réussite des clients. La compétence clé de la réelle maîtrise en coaching est celle de savoir cocréer la relation avec le client. C'est surtout ce lien ou ce rapport interpersonnel qui crée les conditions nécessaires pour permettre le processus d'accompagnement et de transformation du client. Ce lien de cœur à cœur, d'âme à âme ou d'esprit à esprit est sans conteste la fondation véritable et incontournable de l'accompagnement interpersonnel, quel que soit le corps théorique au sein duquel s'inscrit la démarche.

Puisque le coaching ne s'encombre pas de théories complexes, d'instruments de diagnostic, de modes opératoires et de techniques très élaborées, le métier ne détourne pas l'attention centrée sur la relation. La pratique du coaching est particulièrement appropriée pour aborder sans détour l'importance primordiale de la dimension relationnelle qui sert à accompagner les clients vers leur réussite.

Ainsi, toute véritable formation au métier de coach doit être particulièrement centrée sur les capacités du candidat coach à s'ouvrir de façon authentique, accueillante, transparente, humaine, affective, directe, spontanée, chaleureuse, profonde, etc. C'est cette capacité d'intimité du coach qui sert à permettre, avec le client, la création d'une relation à la fois personnelle et professionnelle résolutoire, c'est-à-dire centrée sur l'évolution du client comme sur l'atteinte de ses objectifs.

Voir aussi : *Authenticité.*

Réseau

Par excellence, un réseau est aujourd'hui considéré comme la structure la plus performante. C'est la structure organisationnelle de délégation, plate, distribuée, décentralisée, légère et réactive, donc proche de la réalité du terrain comme de celle du client. Au niveau systémique, un réseau est aussi le type de structure dont l'efficacité repose le plus sur de nombreuses interfaces directes et performantes entre tous ses membres, sans forcément passer par un centre. Lorsque ce dernier existe au sein d'un réseau, il ne sert que de centre névralgique d'information en étant régulièrement informé des initiatives locales.

Les réseaux sont à l'image de la Toile Internet, de certains processus collectifs, voire de certaines organisations qui y ont vu le jour comme les « chats », les wikis et autres Linux, développés en parité émergente. Ces réseaux existent au sein d'un cadre de référence à l'inverse opposé d'autres organisations beaucoup plus classiques, hiérarchisées, territoriales et centralisées. Il faut aussi savoir que les structures en réseau existent depuis fort longtemps, en marge de notre réalité occidentale.

Les systèmes sociaux propres aux cultures tribales ou bédouines qui resurgissent à notre conscience aujourd'hui sous la forme d'organisations terroristes structurées par « cellules autonomes », tel Al-Qaida.

Puisqu'un réseau est constitué essentiellement d'une énergie relativement centrifuge, la force centripète qui sert à maintenir sa cohérence repose souvent sur un ciment immatériel, de type visionnaire ou idéologique. Ce ciment sert à rapprocher, sinon souder, tous ses membres au sein d'un ensemble apparemment dispersé et immatériel. Par conséquent, chaque membre d'un réseau agit avec une très grande autonomie, se considérant comme son propre centre de décision, tout en respectant scrupuleusement l'esprit et la mission de la vision collective. C'est sans doute pour cela que beaucoup d'entreprises souhaitent accorder tant d'importance à la définition claire d'une vision mobilisatrice pour ses membres.

Il est intéressant de souligner que l'appartenance à un réseau nécessite souvent, voire exige, beaucoup plus d'engagement personnel que l'appartenance à des structures plus classiques ou hiérarchiques, où l'essentiel de la responsabilité est « délégué » vers le haut de la pyramide de décision.

Attention

La coresponsabilité réellement partagée par tous au sein d'un réseau échappe souvent aux personnes et organisations qui souhaitent mettre en œuvre ce type de structure.

Les formes habituelles les plus proches des structures en réseau sont les organisations dites « matricielles », les équipes projets, les réseaux d'indépendants. Nombreuses sont les structures de ce type qui manquent de maturité, qui glissent dans un chaos peu structuré et qui pèchent par leur inefficacité.

Il est à envisager que le développement de l'Europe, qui, rappelons-le, manque encore d'une réelle « constitution » formelle, repose aussi sur la vision d'une organisation de type réseau. Elle manque aujourd'hui de puissance au niveau de son ciment idéologique et bon nombre des pays qui en font partie privilégient encore un cadre de référence désuet reposant sur un contexte formel, hiérarchique, territorial et centralisateur.

L'organisation en réseau est un type de système qui manifeste une grande cohérence avec l'esprit du coaching. Tous deux facilitent ou permettent le développement de la « subsidiarité » ou de l'autonomie responsable et la performance durable des personnes et des systèmes. Il est vrai aussi que le coaching est une approche qui a vu le jour presque en coïncidence avec la révolution de l'information. C'est cette dernière qui a très largement contribué au développement d'organisations en réseau dans le monde occidental.

Voir aussi : *Révolution de l'information.*

Résistance

La résistance, en physique, est une force contraire provoquée par une force équivalente appliquée dans une direction donnée. De même, dans un cadre relationnel, la résistance active telle une rébellion, ou passive par des stratégies d'inertie, est provoquée par une force équivalente qui procède par imposition.

Par conséquent, la résistance au changement, souvent décriée en entreprise, peut être considérée comme la réaction saine d'une personne ou d'un ensemble de personnes mises face à une transition ou un changement imposé. Lorsqu'un changement est subi, le ou les acteurs concernés se sentent réduits au rang d'objets qui doivent subir le changement, plutôt que participer à sa mise en œuvre. En réalité, ces acteurs relégués au rang d'objets lors d'une transition résistent plus souvent à leur changement de statut, passant de sujets à objets, qu'à la nouveauté d'un projet.

Attention

> *Lorsqu'un changement ou un nouveau projet est proposé à tous les acteurs concernés en respectant leur capacité d'adaptation et d'initiative, leur réaction est souvent autrement plus positive, sinon responsable.*

Ainsi, lorsqu'il s'agit d'opérer un changement important au sein d'une équipe ou d'une entreprise, il est préférable de concevoir et de mettre en œuvre un processus permettant au plus grand nombre de personnes d'y trouver une place d'acteur responsable.

Lorsqu'un client semble « résister » face au coach, c'est souvent un indicateur utile qui signale que ce dernier a perdu la distance qu'il devait conserver et prend beaucoup plus de responsabilités qu'il ne le devrait au sein de la relation d'accompagnement.

Voir aussi : *Objet, Polarité, Sujet.*

Responsabilité

Denrée gratuite et souvent très accessible en entreprise, et cela malgré les apparences. Force est de constater que les responsabilités appartiennent tout simplement aux personnes, souvent peu nombreuses, qui les prennent. Elles ne concernent bien souvent pas la majorité qui, paradoxalement, les demande.

Par conséquent, prendre des responsabilités consiste d'abord à agir dans un environnement de délégation, puis à immédiatement informer cet environnement. Lorsque l'on ne souhaite pas prendre de responsabilités, il suffit de demander à autrui le droit d'agir, et puis d'attendre. Ce droit est généralement refusé, vu que l'on n'est pas responsable, puisqu'on demande à le devenir. Il est à noter qu'une personne qui demande plus de responsabilités, plutôt que de simplement les prendre ressent souvent un manque de reconnaissance, réel enjeu de sa demande.

Ainsi et paradoxalement, les responsabilités, tout comme l'autonomie ou la liberté :

- appartiennent toujours à ceux qui prétendent les donner ;
- ne peuvent pas être transmises à ceux qui les revendiquent ;
- et sont généralement librement accessibles à ceux qui veulent bien tout simplement les prendre.

Voir aussi : *Délégation, Objet, Paradoxe, Sujet.*

Ressources

En entreprise, terme qui désigne des biens matériels et consommables. Comme l'indique le nom de la DRH pour le département des ressources humaines, au sein de beaucoup de nos entreprises, l'être humain ou le personnel est géré comme une ressource que l'on achète, que l'on utilise pour produire, et dont on dispose comme on le ferait avec d'autres ressources externes tel le charbon ou le pétrole. Cette approche objective de l'être humain, qui consiste à le traiter comme un objet plutôt que comme un sujet, est héritée d'une vision mécaniste des organisations, issue de la révolution industrielle.

Attention

L'équivalent corporel pour un être humain consisterait à considérer que les cellules et les organes qui le composent

*sont des ressources, dont il pourrait disposer de façon équi-
valente.*

Un cadre de référence plus moderne et organique de nos
équipes et entreprises permettrait sans doute de considérer
le personnel qui les compose comme des sujets qui
font partie intégrante des systèmes de performance,
plutôt que comme une des ressources externes que
ces systèmes consomment. Par conséquent, il serait utile
de le renommer : « directions de gestion des potentiels
humains. »

Le cadre de référence du coaching, rappelons-le, est au
service du développement du potentiel des personnes, des
équipes et des entreprises en tenant compte du fait que
toutes ces dernières *sont* ses clientes, et non des ressources
consommables.

Voir aussi : *Objet, Sujet.*

Résultat

Une fin. Un bilan. D'un point de vue pratique, être centré
sur des résultats est un concept diamétralement opposé à
celui d'être centré sur des objectifs.

Un objectif est perçu lorsqu'on se situe encore sur la ligne de
départ. L'objectif est donc encore une cible lointaine qu'il faut
atteindre.

Un résultat est ce que l'on a obtenu lorsqu'on se situe sur
la ligne d'arrivée. Cela peut être, par exemple, un nombre
précis de flèches gagnantes plantées dans le mille de la cible.
Ainsi, un objectif est déterminé avant d'entamer un

parcours, alors qu'un résultat est ce à quoi l'on arrive lorsque l'on a terminé sa course. Lorsque l'on pense à un objectif, il est normal de vite vouloir faire l'inventaire des moyens nécessaires pour l'atteindre. Lorsque l'on évoque des résultats, il est habituel de ressentir une intense satisfaction, facilement transformable en motivation.

Il est courant d'affirmer que le coaching est une démarche résolument centrée sur les résultats. Cette précision est là pour rappeler que tout au long du parcours de ses clients, un coach leur propose de se situer mentalement et d'office, comme pour des sportifs de haut niveau, sur leur ligne d'arrivée. Cette propulsion immédiate vers un cadre de référence de réussite permet souvent aux clients de gagner en motivation et, du coup, en efficacité et en légèreté.

Voir aussi : Breakthrough, *Masochisme, Motivation, Objectif, Perception.*

Retour sur investissement

ROI en anglais pour *Return on Investment.* Souci important dans les mondes de la formation et du conseil en management, souvent trop centrés sur l'alignement de moyens ou sur le développement de meilleures relations et communications. Comment mesurer, en effet, des résultats tangibles dans des domaines vagues et subjectifs comme le développement de la motivation ou de la délégation, et comment quantifier leur valeur ajoutée ? La réflexion sur la subjectivité des résultats mesurables dans les domaines relationnels et de la communication est presque naturellement reportée sur le métier de coaching, bien souvent à tort, comme s'il s'agissait d'une démarche équivalente.

Une démarche de coaching dans une entreprise peut servir à augmenter sa performance opérationnelle de façon conséquente et mesurable. Pour être plus précis, le coaching peut permettre de nettes augmentations des parts de marché, des bénéfices, de la qualité, de la production, des ventes, de la réactivité ou de la réduction mesurable des délais, etc. Le coaching est un métier beaucoup plus proche du management de délégation que de la formation ou du conseil. Cela souligne que le coaching est un métier prioritairement concerné par tous les domaines d'activité opérationnels et par l'obtention de résultats mesurables.

Attention

Précisons que les actions de coaching centrées sur des résultats tangibles et mesurables en termes de retour sur investissement sont souvent sollicitées par des clients opérationnels, eux-mêmes habituellement centrés sur l'obtention de résultats mesurables.

Les actions de coaching dont les résultats sont moins mesurables en termes de retour sur investissement sont plus souvent des actions prescrites par des tiers, généralement des fonctionnels appartenant à l'environnement de la gestion des ressources humaines. Ces demandes d'accompagnement sont trop souvent motivées par des évaluations subjectives et relationnelles peu centrées sur des résultats mesurables.

Voir aussi : *Bouc émissaire, Prescription, Sujet.*

Réunion

Rassemblement de personnes autour d'un objectif commun. Définition d'ethnologue : dans les entreprises et à l'observation, une réunion est une pratique rituelle, régulière et collective, jugée indispensable et dont la fonction institutionnelle est souvent fondamentalement homéostatique.

Attention

Il semblerait en effet que pour chacun des participants à une réunion, l'objectif principal soit de s'assurer, d'une part que rien ne lui échappe et, d'autre part, qu'aucune décision importante ne sera prise qui puisse perturber sa zone de confort.

Par conséquent, au sein de beaucoup d'organisations, les réunions sont notoirement et injustement considérées comme une perte de temps collective. Paradoxalement, et pour les deux raisons citées ci-dessus, il est très important de ne jamais en rater.

Au niveau systémique, voire holographique au sein d'une organisation donnée, une réunion est un équivalent dramaturgique d'une pièce de théâtre où les rôles assumés par les participants, leurs interactions et leurs résultats sont très largement prévisibles. Quels que soient leurs sujets ou leurs contenus officiels, la forme ou le scénario des réunions est spécifique à une entreprise et régulièrement reproduit à tous ses niveaux hiérarchiques. Ainsi, le contenu des réunions peut souvent être considéré comme relativement accessoire.

Attention

Au sein d'une entreprise, c'est souvent la direction qui imprime un style de réunion quant au processus dramaturgique instauré.

Ce style ou processus de réunion est reproduit presqu'à l'identique au sein du reste de l'organisation, d'où sa fonction homéostatique, très souvent inefficace en ce qui concerne la conduite du changement. Au-delà du niveau apparent des échanges, souvent centrés sur le partage et le traitement d'information, une réunion a surtout pour objet d'être le véhicule collectif de la culture active d'une équipe ou d'une d'entreprise.

Pour un coach, l'accompagnement d'une équipe en réunion est une façon privilégiée de faciliter le développement de sa performance opérationnelle. C'est en effet dans ce cadre que les équipes sont réputées se centrer sur leurs objectifs, prendre des décisions et en suivre l'application. Par conséquent, les processus de réunion d'équipe sont au centre de l'intérêt du métier de coaching de performance.

Au-delà de leur analyse, qui peut révéler la culture d'une organisation, la transformation des processus de réunion peut permettre à une entreprise de radicalement changer son cadre de référence de réussite, afin d'améliorer ses résultats. Un des objectifs primordiaux du coaching d'équipe et d'organisation est aussi d'accompagner le travail collectif effectué en réunion afin de permettre à celles-ci de devenir de véritables creusets d'apprentissage et de développement des personnes qui y participent. Cela permet de transformer des organisations relativement statiques en véritables entreprises apprenantes.

Voir aussi : *Coaching d'équipe, Culture, Processus.*

Révolution

En astronomie comme ailleurs, une révolution concerne le déplacement circulaire ou en ellipse d'un astre, d'un objet, d'un sujet ou d'un ensemble collectif jusqu'à ce qu'il retrouve son point d'origine.

● En politique comme en entreprise, une révolution est un grand changement apparent qui passe par un bain de sang et qui consiste à faire un tour complet pour finalement se retrouver à son point d'origine. Les révolutions sont généralement accompagnées de leurs charrettes et guillotines.

● L'équivalent en organisation s'appelle quelquefois une restructuration, ou une réorganisation, ou en anglais du *reengineering*. Celles-ci sont aussi accompagnées de leurs charrettes.

Pour un vrai changement dans la durée, il vaut mieux envisager une évolution comprenant, pourquoi pas, quelques stratégies de rupture ou de transformation, histoire de changer de registre.

Révolution de l'information

Phénomène d'évolution sociale très récent dont on n'évalue pas encore les effets les plus profonds. La révolution de l'information et le développement du coaching sont des phénomènes de société synchrones ou concomitants. Au niveau des transformations mondiales, la révolution de l'information suit la révolution humaniste, caractérisée par l'apparition de la psychologie et du socialisme au début du XXe siècle, elle-même précédée par la révolution industrielle du XIXe siècle.

La révolution de l'information permet, entre autres, de raccourcir à presque rien l'influence de l'espace et du temps, et de dématérialiser l'essentiel de la richesse mondiale. Et ce n'est pas tout. Comme pour le coaching, qui en est le frère jumeau, dans les métiers de la relation, nous sommes encore loin de mesurer l'influence à plus long terme qu'aura cette révolution.

Voir aussi : *Leadership, Mondialisation, Réseau.*

Risque

Comme dans la « gestion du risque ». Terme paradoxal, encore, car ceux qui en parlent le plus sont souvent ceux qui justement cherchent à le minimiser. Comme beaucoup de financiers, sous couvert de gestion du risque, ces frileux de l'aventure et de l'expérimentation gèrent quotidiennement la maximisation de leur sécurité.

Donnez un avion à un banquier, et il lui coupera les ailes pour prendre l'autoroute. C'est beaucoup moins risqué.

Dans l'accompagnement du changement, les coachs sont souvent confrontés à de fortes réticences face aux risques pressentis par les clients qui envisagent frileusement des mutations pourtant indispensables. « Il faut mesurer les risques » est la phrase fétiche de cette résistance au changement. Or, il s'avère presque systématiquement que le vrai risque réside dans le non-changement. Mais cela, personne ne propose d'en mesurer les dangers, pourtant souvent très prévisibles.

Voir aussi : *Entrepreneur, Leader, Résistance.*

S

Sens

Il est communément admis que nous avons cinq sens. Ces sens ne sont toutefois que des canaux d'information qui ne peuvent se révéler qu'à travers la conscience. Par conséquent, la conscience peut être considérée comme le premier des sens ou le sens le plus important puisqu'il permet et valide tous les autres. Les cinq autres sens primaires (ou six, selon les avis) déterminent notre capacité de perception de notre environnement immédiat. Il est aussi utile d'envisager cinq ou six autres sens secondaires, qui sont des prolongements des premiers et permettent d'approfondir notre capacité de perception, voire d'en repousser les limites. Les sens secondaires, bien moins connus, nous permettent de percevoir de façon un peu plus large un environnement plus distant. Leur pratique quotidienne peut faire partie intégrante du cadre de référence et des compétences du coach.

- La *vue* est un sens primaire. Elle est apparentée à la vision à long terme, la prévision ou la prévoyance, qui permettent de percevoir un peu plus loin, au-delà de l'horizon de l'instant présent.

- L'*ouïe* est de même un sens primaire. Il est apparenté au sens secondaire qu'est la capacité de discernement, par exemple entre le juste et le faux ou le bien et le mal.

Lorsqu'il est bien développé comme chez un musicien, le discernement permet de situer un instrument mal accordé au sein d'un orchestre, d'entendre une information utile au milieu d'une cacophonie, ou encore de ne pas se perdre au sein d'une confusion ambiante. L'ouïe, ou l'écoute profonde et la capacité de discernement qui l'accompagne, est considéré comme un sens très utile en coaching.

- L'*odorat* est un sens primaire. Il est lié au sens secondaire qu'est la capacité de réalisation. De ceux qui savent concrétiser ou atteindre leurs objectifs sans en dévier, on dit qu'ils ont « du flair » ou « du nez » pour les affaires. C'est le sens du chasseur qui sait ne pas lâcher son objectif jusqu'à terrasser sa proie. L'odorat et la capacité de réalisation qui l'accompagne sont véritablement un sens d'entrepreneur.

- Le *goût* est un sens primaire. Il est apparenté au sens secondaire qu'est la télépathie. Celle-ci se développe beaucoup plus souvent entre des personnes intimement liées ou en forte corrélation, comme celles issues d'une même origine ou celles qui partagent les mêmes affinités profondes.

- Le *toucher* est un sens primaire. Il est prolongé par le sens secondaire qu'est la capacité de transmission. Il s'agit là de savoir affecter ou « toucher » autrui par différentes formes de communication, d'enseignement ou de partage, comme par la parole, l'écriture, la peinture, la musique et toutes les autres expressions artistiques et poétiques. Ce sens est central dans les métiers de la communication. Il est aussi particulièrement utile en coaching.

- Les *sentiments* sont aussi un sens primaire. Ils sont liés à l'intuition, ce sixième sens si difficile à définir, qui se manifeste par une connaissance intime ou une conviction personnelle d'une « réalité » à laquelle les autres n'ont pas accès.

À la manière des développements récents excessivement médiatisés sur l'« intelligence émotionnelle », il est possible d'imaginer qu'une utilisation adéquate de chacun des sens et de leurs prolongements permette une forme d'intelligence particulièrement complexe. Toujours est-il que le coaching est un métier qui repose sur une exploitation judicieuse de tous les sens.

Sens (bis)

La faculté de savoir bien évaluer ou juger.

« *Les sens, ou le "bon sens", offrent la capacité de "bien juger, sans passion, en présence de problèmes qui ne peuvent être résolus par un raisonnement scientifique".*[1] »

Puisque l'approche scientifique ne peut concerner toutes les dimensions totalement subjectives de l'activité humaine, autant dire que les sens servent à résoudre tous les problèmes de la vie personnelle et professionnelle.

Voir aussi : *Analyse, Perception.*

---

1. Petit Robert.

Sens (ter)

Comme dans « donner du sens ». Signification ou valeur qui donne une direction à suivre.

« Ce qui donne un sens à la vie donne un sens à la mort.[1] »

Il est souvent affirmé qu'un leader sait donner du sens aux objectifs qu'il propose aux autres de l'aider à atteindre. Pour réellement mobiliser un collectif, ce sens est généralement partagé à travers l'expression d'une vision à long terme, par la précision d'une mission collective, et surtout par la mise en œuvre d'un comportement exemplaire. De la même façon au niveau individuel, de nombreux clients entament une démarche de coaching afin de donner un sens plus profond à leurs vies personnelle et professionnelle.

Voir aussi : *Vision*.

Séparation

Segmentation d'un ensemble ou d'un système en plusieurs parties. La segmentation a généralement pour effet de provoquer la perte de la valeur ajoutée issue des interfaces internes et propres au système avant cette séparation. En effet, si nous sommes relativement conscients que « un plus un égal plus que deux » lorsque l'on crée un ensemble performant, il est aussi important de considérer que lorsque ce système est segmenté ou décomposé en deux parts égales, cette valeur ajoutée est perdue.

---

1. Antoine de Saint-Exupéry.

Attention

> Lorsque nous provoquons une séparation à parts égales, comme lors de certains divorces, chacune des parties prenantes du couple ou de la famille ne peut prétendre se retrouver qu'avec moins de la moitié de la valeur de l'ensemble familial.

Cet effet de perte de valeur ajoutée est à la base des critiques à l'égard d'approches cartésiennes ou scientifiques qui reposent sur l'étude *in vitro* de phénomènes ou d'entités en les isolant préalablement de leur milieu naturel. Le fait même de séparer un élément de son environnement élimine automatiquement une partie des potentiels que le scientifique propose justement d'étudier.

Par conséquent, chaque fois que nous effectuons des ruptures en quittant un système structuré, ou lorsque nous décidons de le décomposer en externalisant une partie de l'activité d'une entreprise, il faut être prêt à payer le prix de ces séparations. Lors d'une séparation, la valeur ajoutée propre au collectif disparaît et chacun de ses membres ne peut plus prétendre emporter qu'une fraction de sa part de l'ensemble. C'est en cela qu'une séparation est souvent vécue comme une rupture. Bien entendu, cela suppose que l'ensemble en question ait été performant avant sa segmentation.

Voir aussi : *Expert, Participation, Systémique.*

SFCoach

Société française de coachs, la plus grande association française de professionnels du coaching. Tel le village d'Astérix, elle défend une vision du coaching plus spécifique au contexte gaulois, dans un cadre de référence généralement

© Groupe Eyrolles

plus proche des approches thérapeutiques issues du mouvement du potentiel humain.

Voir aussi : *Association professionnelle, International Coach Federation.*

Silence

...

...

...

...

Voir aussi : *Aspiration, Vide.*

Solutions

Pour les néophytes du coaching, il existe un paradoxe apparent ou une contradiction difficile à concilier entre deux affirmations concernant la pratique du métier. Un coach qui se respecte, et surtout qui respecte ses clients :

• d'une part, ne leur propose pas de solutions, au risque de se positionner comme un expert et de les considérer comme fondamentalement incapables de trouver les leurs ;

• d'autre part, est centré sur l'accompagnement du dialogue personnel de ces mêmes clients alors qu'ils œuvrent à définir leurs propres ambitions et découvrir leurs propres solutions.

Or, ces deux affirmations ne sont ni paradoxales ni contradictoires, bien au contraire :

• puisque le coach n'est pas centré sur le contenu du discours du client, il ne peut s'intéresser ni à son problème ni aux solutions qui permettraient de le résoudre ;

- puisque le coach est centré sur l'accompagnement de ses clients en tant que personnes, alors que ceux-ci cherchent à définir leurs ambitions et résoudre leurs problèmes, il peut les aider à changer de perspective, de cadre de référence, de paradigme.

Lorsque le client effectue ces transformations dans sa façon de percevoir, il aborde ses problèmes et ambitions, sinon sa vie, de façon totalement différente. Et, par conséquent, de façon émergente, de nouvelles solutions apparaissent « comme par magie », si ce n'est le problème qui disparaît.

Attention

Certains coachs affirment être des coachs « centrés solutions ». Cela laisserait entendre que les autres ne le sont pas, alors que les premiers illustrent par cette expression parfaitement redondante qu'ils n'ont pas compris le sens même du métier.

Spirituel

Mot qui peut paraître paradoxal puisqu'il s'applique, d'une part, à ce qui est humoristique et amusant, voire divertissant, et, d'autre part, à ce qui est relatif à l'âme et au divin. Cette proximité intime entre le mot d'esprit, la légèreté et la bonne humeur et la profondeur de tout ce qui touche à l'âme nous propose peut-être de prendre à la légère tout ce qui se présente avec gravité et, pour garder un équilibre, d'accorder une importance respectueuse à tous les petits détails de la vie quotidienne qui pourraient faussement paraître insignifiants. Par conséquent, dans ces deux sens apparemment paradoxaux, une approche résolument spirituelle mérite d'être au centre de toutes les relations et stratégies de coaching.

Plus concrètement, il apparaît quelquefois que la pertinence d'une question puissante met le client face à son silence et l'entraîne dans une réflexion profonde presque de façon équivalente à l'état que peut provoquer un koan zen. À d'autres moments, un changement imprévu de cadre de référence peut aussi déclencher chez le client un fou rire incontrôlable, comme le ferait une histoire métaphorique et paradoxale racontée par un maître soufi. Par ailleurs, un coach peut souvent accompagner son client au sein d'une relation de croissance qui laisse une large place à l'émergent, à des phénomènes de synchronicité, à une recherche centrée sur des enjeux existentiels, des motivations personnelles des plus profondes.

Attention

Ces parallèles entre la démarche de coaching et certaines techniques utilisées dans des traditions beaucoup plus anciennes ne font pas du coaching une nouvelle démarche spirituelle accompagnée de sa cohorte de gourous.

Le coaching est tout simplement une démarche complète qui accompagne ses clients en tenant compte de la richesse et de la profondeur de toutes les facettes de l'être humain. Le but du coaching est tout à fait concret. Il se centre sur les objectifs et autres ambitions mesurables des clients, et les accompagne dans le développement de leur potentiel.

Voir aussi : *Hermès, Paradoxe.*

Sujet

En coaching, un sujet est une personne à part entière. À ce titre, elle mérite habituellement d'être reconnue comme telle par un réel respect de sa perception, de ses motivations, de ses valeurs, de sa créativité, de ses ambitions, de ses pensées, de ses sentiments et émotions, de ses accomplissements et projets, etc.

Un coach est réputé traiter ses clients comme des sujets, c'est-à-dire comme des personnes responsables et intelligentes. Elles sont perçues et accompagnées comme des êtres tout à fait capables de comprendre leurs propres problèmes puis de les résoudre, de définir leurs propres ambitions puis de les réaliser. Ce cadre de référence est couramment admis dans le monde du coaching, et les outils de ce métier sont conçus pour le mettre en œuvre. Cela semble toutefois heurter les convictions profondes de certains esprits chagrins qui perçoivent cette approche de l'« autre » comme impraticable ou idéaliste dans des contextes professionnels ou au sein du monde de l'entreprise.

Voir aussi : *Délégation, Jeu, Objet, Ressources.*

Supervision

Processus interactif confidentiel, en face à face ou en collectif, dont le but minimum est de permettre à un professionnel de parfaire sa compétence pratique. Dans les métiers de la relation ou de l'accompagnement tels le coaching et la thérapie, la supervision permet de continuer la formation pratique d'un professionnel par le biais d'une étude approfondie et suivie de son travail auprès de sa clientèle quotidienne et réelle. *In fine*, la supervision permet au

coach d'effectuer un autocontrôle de sa pratique quotidienne en se confrontant avec d'autres praticiens à d'autres
options afin de remettre en question son cadre de référence
professionnel et personnel.

Dans cette optique, pour ne pas simplement répondre aux
besoins conscients du coach en supervision, mais afin de lui
offrir aussi un travail sur ses véritables enjeux, il faudra
choisir un processus de supervision dont les modalités
mêmes lui permettront de remettre en question, voire de
transformer son cadre de référence au sein de sa pratique
quotidienne.

Dans ce sens, il existe une grande variété de modalités ou
de processus de supervision, qui chacun offre des possibilités d'exploration de différents cadres de référence du
métier de coach : en individuel ou en équipe, en « *live* » ou
en « différé », par téléphone ou en face à face, etc.

Attention

> *Quelques clients individuels et institutionnels demandent
> à leur coach des preuves de son engagement au sein d'un
> processus de supervision afin de s'assurer de sa qualité
> professionnelle et de son souci déontologique dans la
> pratique de son métier.*

Un des dangers que représente le processus de supervision
lorsqu'il est obligatoire, c'est que certains coachs effectuent
la démarche dans le seul but de fournir à leurs clients cette
preuve de qualité. En conséquence, ces coachs entament
une supervision superficielle uniquement pour avoir une
caution, alors que leurs réelles motivations de recherche
professionnelle et de remise en question personnelle
s'avèrent relativement limitées.

Symptôme

Source d'inconfort, un symptôme est un indicateur super-ficiel d'une maladie ou d'un mal-être beaucoup plus profond. Dans la mesure où il est perceptible, cet indica-teur est souvent confondu avec la maladie elle-même, alors qu'il est probablement un des éléments les plus sains du système.

- Un symptôme agit très simplement à la façon d'un voyant lumineux qui indiquerait, par exemple, un niveau insuffisant d'huile dans un moteur. Le problème ne se situe pas au niveau du voyant, qui fonc-tionne d'ailleurs très bien, mais au niveau du moteur qui va bientôt gripper.
- Au sein d'une équipe ou d'une entreprise, la présence d'un bouc émissaire individuel ou collectif est généralement un symptôme qui permet de révéler le niveau insuffisant de collaboration au sein de l'ensemble.
- En entreprise, les rumeurs, le turnover du personnel, le vol, les pertes financières, la casse, la dégradation du matériel, l'absentéisme, les accidents, l'infidélité de la clientèle et le non-respect des délais sont tous des symptômes identiques, synonymes de « fuite ».

Comme l'illustre le dernier exemple d'entreprise ci-dessus, au sein d'un même ensemble, il apparaît souvent que les symptômes se conjuguent au pluriel, et indiquent tous une dynamique commune propre au « problème » beaucoup plus structurel du système. Chacun des symptômes pris individuellement peut susciter une panoplie de solutions et de plans de redressement aussi ingénieux qu'inefficaces puisqu'aucun ne traite la maladie sous-jacente, comparable dans le cas ci-dessus à une hémorragie générali-sée.

Au sein d'un système, le traitement ou l'élimination d'un symptôme en provoque souvent le déplacement. En médecine, cela équivaut à une thérapie de confort à court terme. Si celle-ci est quelquefois utile, elle ne permet que de faire diversion et d'éviter de traiter le problème de fond.

En entreprise, cela peut consister à licencier un bouc émissaire occasionnel, fermer une unité de production, restructurer, organiser une formation obligatoire ou, aujourd'hui, prescrire du coaching en urgence.

Si la réelle solution au problème de fond réside ailleurs que dans le traitement des symptômes d'un système client, il est toutefois important pour le coach de ne pas les disqualifier car ils représentent une première façon créative d'exprimer un mal-être plus profond, ou encore de révéler à terme une véritable motivation de transformation.

Voir aussi : *Bouc émissaire, Indicateur, Maladie, Paradoxe.*

Synchronicité

Terme attribué à C. G. Jung, qui est presque synonyme de « coïncidence », dans le sens étymologique du terme : corrélation entre des incidents.

La notion de synchronicité fait référence à l'apparition simultanée ou synchrone de phénomènes qui véhiculent un sens commun, mais qui n'ont aucun lien causal entre eux.

Alors que vous souhaitiez rétablir le contact avec une vieille connaissance perdue de vue, sans raison particulière et au cours de la même semaine, un autre ami vous parle d'elle, et elle vous écrit.

En général, lorsque le sens plus profond des coïncidences de la vie nous échappe, nous attribuons leur apparition au « hasard ». Lorsque nous accordons un sens plus profond à ces phénomènes ou lorsqu'ils « nous parlent », il s'agit alors de synchronicité.

Si la démarche de dialogue propre au coaching est fondamentalement non directive, elle vise à accompagner le client individuel ou collectif au sein d'une conversation qui faciliterait l'apparition spontanée ou l'émergence de nouveaux sens. Les nouveaux sens et les nouvelles solutions qui émergent au cours de cette relation se présentent souvent sous la forme de coïncidences, presque par hasard et de façon synchronique.

Voir aussi : *Coïncidence, Hasard.*

Systémique

Qui se rapporte à l'approche systémique. Corps théorique issu des recherches en cybernétique de Ludwig von Bertalanffy, et qui repose sur l'influence de Gregory Bateson et de l'École de Palo Alto, mouvement de réflexion systémique californien. L'influence de ce mouvement et de cette approche affecte directement aujourd'hui toutes les disciplines dures comme les sciences sociales, économiques, écologiques, etc.

Un système est un ensemble cohérent et organisé ou structuré avec un minimum de forme, voire de formalisme.

Un système vivant tel qu'une personne, une équipe ou encore une entreprise manifeste :

- une frontière externe qui le différencie de son environnement ;
- au moins une frontière interne qui différencie différents organes, dont surtout l'organe de décision ;

- un ou plusieurs objectifs statutaires qui définissent sa fonction, ne serait-ce que de survivre et de croître ;
- une capacité naturelle de croissance et de reproduction ;
- un cycle de vie comprenant naissance, croissance, maturité, et mort ;
- etc.

L'approche systémique est aussi appelée le « management de la complexité », dans la mesure où elle propose au scientifique de se centrer sur les interfaces entre les entités en relation au sein de systèmes et entre les systèmes, plutôt que sur les entités matérielles qui composent ces ensembles.

Au niveau interplanétaire, l'approche systémique se concentrerait sur l'étude des relations ou interactions de l'énergie et de la masse présente dans le vide entre les astres, plutôt que sur les astres eux-mêmes. Il se trouve d'ailleurs que l'énergie et la masse mesurable dans le « vide » de l'univers dépassent largement l'énergie et la masse de la matière visible.

Au sein de nos entreprises et organisations, le premier niveau de système collectif humain, et éventuellement le plus simple à étudier, est celui de l'équipe. Par conséquent, selon l'approche systémique, afin d'augmenter la performance d'une équipe, il est plus efficace de modifier les interfaces interpersonnelles entre ses membres que d'œuvrer à améliorer la performance de chacun des membres pris individuellement.

Ainsi, au sein d'une équipe, une approche de coaching systémique consisterait :

- à faire abstraction du profil intrinsèque de chacun de ses membres qui serait caractéristique d'une approche « psychologique » plus traditionnelle, et à ne pas se soucier de l'amélioration des relations dans le sens habituel du terme ;

* pour plutôt accompagner l'ensemble dans l'augmentation de sa performance professionnelle telle qu'elle est définie dans ses objectifs statutaires, et qui serait issue de ses interfaces opérationnelles.

Voir aussi : *Circularité, Équipe, Interface, Paradoxe, Polarité, Vide.*

T

Team-building

Appellation d'un type d'intervention en entreprise plus particulièrement centré sur l'accompagnement d'équipes professionnelles.

Attention

Il faut savoir que le cadre de référence à l'origine du team-building est nord-américain, et que son esprit est très proche du « body-building », comme en culturisme.

Dans le contexte nord-américain, le team-building est un travail de formation en équipe surtout centré sur le développement de la motivation individuelle et collective. Typiquement, ce type de team-building repose soit sur la pratique d'exercices collectifs gratifiants, soit sur des activités plus individuelles et souvent spectaculaires centrées sur le dépassement de soi. Ces exercices, tels le saut de l'ange, l'escalade, le kayak ou l'activité extérieure en général, sont souvent empruntés au monde des sportifs. Cette démarche est généralement accompagnée d'un soutien inconditionnel sous forme de renforcement positif, très enthousiaste et très bien orchestré de la part des autres membres de l'équipe.

Attention

Il faut savoir qu'à la différence des cultures latines, les formateurs, les consultants et les managers originaires des pays anglo-saxons mettent surtout l'accent sur une forte dose de valorisation positive.

Cette approche de valorisation sans discernement ne sert pas tant à reconnaître des *résultats acquis* par des individus ou des groupes qu'à motiver les élèves et le personnel *pour des challenges dans l'avenir.* Trop souvent, la valorisation sous forme de compliments et d'encouragements est surtout inconditionnellement distribuée comme un carburant, plutôt que comme un prix réellement mérité par une performance mesurable.

Ce cadre de référence est le contraire de ce qui se fait habituellement en France et dans les pays latins. En effet chez nous, une avalanche de remarques positives pour avoir simplement bien fait son travail est souvent considérée comme un peu superflue. Du coup, les Anglo-Saxons sont souvent rapidement rebutés par notre approche un peu trop directe de la critique, même lorsqu'elle est constructive. Le type de team-building anglo-saxon est souvent perçu en Europe continentale comme une opération d'« *incentive* », et quelquefois de « gonflette », d'où la relation au body-building.

Attention

En France, le terme de team-building concerne habituellement un packaging plus moderne pour évoquer nos bonnes vieilles cohésions d'équipe.

Celles-ci restent un peu plus marquées par une tradition psychologisante et reposent plutôt sur des exercices collectifs de communication interpersonnelle et de connaissance de soi, exploités dans des dimensions relationnelles. Chez nous, ces exercices ont pour objectif, d'une part, de donner à chacun des participants des éléments de remise en question et de développement personnel au sein de son contexte professionnel et, d'autre part, de faciliter le développement de relations plus authentiques entre les personnes.

Attention

> *Formellement, le coaching d'équipe n'hérite d'aucun de ces deux contextes.*

La différence entre le *coaching d'équipe*, d'une part, et le team-building ou la cohésion d'équipe, d'autre part, réside principalement dans la présence ou l'absence de présentations théoriques ou d'approches métaphoriques telles que des « jeux » et autres exercices pédagogiques fournis et animés par le consultant. Ces apports conceptuels et l'animation de jeux pédagogiques ont l'inconvénient majeur de positionner le formateur ou le consultant au centre du processus d'accompagnement, en remplacement de l'attention qui devrait normalement être portée sur le client.

Attention

> *La position centrale du formateur ou du consultant lors de team-building ou de cohésions d'équipe renforce un processus de centralisation au sein des entreprises : il anime comme le ferait un chef sympathique, et tout le monde suit docilement.*

Cette position centrale n'est pas exemplaire d'une véritable posture de coach ni d'un management de délégation. Par ailleurs, le travail théorique et métaphorique proposé par l'intervenant réussit trop souvent à distraire le client de son activité première qui est centrée sur sa réelle activité opérationnelle.

En coaching d'équipe, c'est le client collectif qui définit et anime son propre processus et contenu de formation ou d'évolution, souvent dans un contexte d'accompagnement de réunions opérationnelles centrées sur des objectifs et enjeux réels. Le client est tout simplement « supervisé » ou accompagné par le coach qui se positionne à la périphérie du processus d'apprentissage comme du contenu de la réunion. Ces deux dynamiques sont totalement menées par le client, sous son entière responsabilité.

Voir aussi : *Coaching d'équipe, Cohésion d'équipe, Délégation, Polarité.*

Témoin

Lors de rites de passages importants au cours d'une vie d'adolescent puis d'adulte, il est coutumier, dans de nombreuses cultures, de s'adjoindre la présence d'un ou plusieurs témoins.

Lors d'un mariage, les témoins valident l'engagement des époux *par leur simple présence*. Celle-ci ajoute à l'importance des décisions des mariés sans aucunement y prendre de responsabilité active.

Par sa présence, et surtout par son écoute respectueuse, silencieuse et attentive, le témoin d'une action apporte une valeur sociale, morale et quelquefois spirituelle à l'événement.

Attention

> *Cela explique probablement pourquoi les faux témoignages sont considérés comme répréhensibles par la loi.*

Par conséquent, la présence et le regard du témoin élèvent l'action de celui ou ceux qu'il accompagne en lui donnant une valeur, voire une gravité supplémentaire. Mais le témoin est généralement réputé ne rien faire de plus actif pour participer à l'acte lui-même.

Attention

> *Notez toutefois que par sa simple présence un témoin engage sa responsabilité, comme le précise le rôle influent du « public » au sein du triangle dramatique, et comme le stipule l'obligation d'assistance à personne en danger.*

Le métier de coach aussi consiste souvent à n'être rien de plus, mais rien de moins, qu'un véritable témoin professionnel. Par la qualité de sa présence, il témoigne de l'importance du parcours de l'autre et le valide, cela afin d'aider le client à donner à ses choix et à sa trajectoire toute la valeur qu'ils méritent.

Voir aussi : *Écoute, Silence, Victime, Vide.*

Temps

Comme en « gestion du temps », thème relativement central sinon galvaudé en entreprise, en formation continue et dans beaucoup de demandes et d'enjeux de clients en coaching.

Le temps est un rythme apparenté à la respiration. Depuis Einstein, il est un facteur immatériel, lié à l'espace par la théorie de la relativité comme le démontrent les expressions l'« espace-temps » et l'« ici et maintenant ». Avec les trois autres dimensions que sont la largeur, la longueur et la hauteur, le temps est la quatrième dimension pour se positionner à la fois dans l'espace et dans l'histoire. Par conséquent, le temps est indispensable pour permettre à chacun de se situer ou de prendre sa place au sein d'un environnement donné. Il en découle que les personnes qui courent après leur temps ne trouvent pas facilement leur place et peinent à développer leur envergure.

Attention

> *Lorsqu'un client manifeste des problèmes de manque de temps, il est souvent et paradoxalement nécessaire de l'accompagner pour l'aider à définir sa véritable et juste place. Cela est particulièrement vrai en ce qui concerne de nombreux leaders et managers.*

Notons que la perception du temps est très largement fonction du contexte culturel de celui ou de ceux qui perçoivent.

- Le temps est quelquefois perçu de façon linéaire, comme un fil qui se déroulerait en venant du passé et qui passerait par le présent pour enfin se diriger vers le futur.
- Sachant que nous vivons le passé et le futur de notre temps présent, celui-ci peut aussi être perçu comme un tout indissociable des deux autres. Le temps présent serait le seul à se manifester, en continu.
- Au sein de nombreuses cultures, le temps est parfois perçu comme un ensemble circulaire et répétitif, qui, au rythme des saisons, ne propose qu'un éternel recommencement d'une même réalité immuable.

De nos jours, le théorème de Bell et les expériences d'Aspen en physique quantique nous permettent de remettre en question les fondements du principe de la relativité d'Einstein et d'élargir notre cadre de référence des limites intrinsèques de l'espace-temps.

Dans le monde professionnel, le temps est aussi une ressource première qui, comme en agriculture, œuvre avec des liquidités. Les deux sont des facteurs essentiels qui permettent d'assurer la croissance de toute plante, entreprise ou projet. D'ailleurs, comme l'eau et l'argent, le temps semble souvent nous filer entre les doigts et peut s'évaporer, même lorsque l'on tente de le retenir ou de le geler.

Attention

En entreprise, la bonne ou mauvaise gestion du temps est paradoxalement considérée comme une compétence individuelle alors qu'elle relève plutôt, comme notre gestion de l'eau, d'un cadre de référence culturel, et donc collectif.

Par conséquent, plutôt que de concerner des approches de développement personnel ou de formation individuelle, l'amélioration de la gestion du temps en entreprise est une affaire collective et culturelle qui ne peut être traitée que par une approche résolument systémique.

Attention

Notez en passant que les équipes et entreprises qui manifestent des difficultés dans leur gestion du temps sont presque systématiquement des ensembles qui sous-estiment les effets bénéfiques de la délégation.

En approche systémique, il faut aussi savoir que la gestion du temps est bien souvent paradoxale. En effet, il faut savoir vraiment prendre son temps pour en avoir, en perdre pour en gagner, en donner pour en recevoir, et il échappe toujours à ceux qui lui courent après.

Dicton (du moment) : « Le temps ne respecte pas ce qui est fait sans lui. »

Voir aussi : *Argent, Délégation, Espace, Finances, Paradoxe.*

Terme

Notion de temps, comme dans le court terme, le moyen terme et le long terme.

Attention

À l'image de la productivité moderne qui pollue la terre pour obtenir un gain immédiat au risque de faire payer les générations à venir, il apparaît souvent qu'une stratégie de gain à très court terme finit par être payée beaucoup plus cher, à moyen ou long terme.

À l'inverse, une démarche d'investissement créatrice de valeur consiste à savoir ne pas courir après la plus grande satisfaction immédiate afin d'obtenir un gain plus solide ultérieurement. Lorsque cette approche à moyen ou long terme tient compte des gains de tout l'environnement, elle est appelée une « approche durable ».

Si le coaching est une approche résolument centrée sur l'obtention de résultats mesurables, son positionnement éthique mérite d'être fermement ancré dans l'accompagnement de projets durables.

Voir aussi : *Argent, Gagnant, Temps.*

Transfert

Projection relationnelle caractéristique à presque toutes les situations interpersonnelles et collectives au sein desquelles les partenaires s'impliquent émotionnellement. Cette dynamique de projection consiste à superposer sur une relation ou sur un ensemble de relations d'actualité les caractéristiques d'une relation ou d'un ensemble de relations issues du passé. Par conséquent, lors de situations transférentielles, les acteurs réactivent au temps présent des perceptions et des comportements hérités de relations significatives vécues par le passé.

- Certains traits de caractère et comportements d'un patron peuvent rappeler à s'y méprendre les traits et comportements d'un parent ou d'un autre personnage influent issu du passé.
- Les comportements d'un collaborateur ou d'un subordonné font écho à ceux d'un partenaire privilégié dans la vie privée.
- Pour un coach, les réactions intempestives d'un jeune client ressemblent fortement à celles de son fils (contre-transfert).
- La compétition acharnée entre deux collaborateurs renvoie chacun d'eux à une position historique au sein de sa fratrie familiale.
- Une dynamique d'équipe inefficace renvoie chacun de ses membres à des difficultés équivalentes au sein de sa constellation familiale d'origine.
- Etc.

Notez que le dernier exemple ci-dessus évoque une situation de transfert systémique entre la perception d'une équipe et des passés différents vécus au sein des familles de ses membres.

Attention

Si la notion de transfert est communément admise lors de relations à deux, elle est rarement mentionnée dans ses manifestations collectives. L'approche systémique permet d'élaborer avantageusement des applications du concept de transfert au sein de systèmes complexes.

Il est utile de partir du principe que presque toutes les relations de coaching comportent une part importante de perceptions transférentielles qui peuvent influencer en positif ou en négatif le résultat de l'accompagnement. Par conséquent, comme au sein d'autres relations d'accompagnement, il est vivement conseillé aux coachs d'entamer une démarche de supervision afin de les aider à prendre conscience de la dimension transférentielle qu'ils entretiennent dans leurs relations avec leurs clients. En ce qui concerne les relations transférentielles, un coach averti en vaut deux.

Il est aussi utile de souligner que dans la mesure où la relation de coaching repose sur un type d'accompagnement fondé sur la parité, les transferts parentaux peuvent peu à peu s'amenuiser pour être remplacés par des relations transférentielles fondées sur des relations fraternelles.

Voir aussi : *Perception, Projection.*

Transparence

Trans/parent, serait-ce sans jugements ? Terme souvent utilisé pour qualifier une posture ou une des qualités essentielles des professionnels en coaching. La transparence d'un coach concerne son absence de projets, d'opinions, d'options, de volonté, etc., en ce qui concerne les ambitions, les thèmes, les objectifs et les moyens que le client aborde et souhaite développer. Ainsi, la transparence du coach correspondrait à son altruisme dans sa façon de se mettre au service de celui ou ceux qu'il accompagne.

De façon plus pratique lors d'une séance de coaching, la transparence du coach correspond à ses silences, à ses relances passives au service du dialogue des clients, aux quelques questions qu'il leur sert et à sa façon d'effacer ses propres pensées liées au contenu de leur problème. Cet effacement personnel en œuvrant pour préserver une position basse est mis au service de la démarche du client. Par conséquent, au-delà d'un principe général, le concept de transparence en coaching est très concrètement traduit en de nombreux comportements d'accompagnement mesurables.

Voir aussi : *Authenticité, Position, Posture, Projet, Relation.*

Transversalité

Au sein d'équipes et en entreprise, la transversalité concerne l'attention réelle que l'on donne à des interfaces entre partenaires du même niveau ou entre pairs en relation de parité. Par conséquent, la transversalité peut exister en complémentarité à une dynamique de polarité ou de « verticalité », qui aurait plutôt trait aux relations hiérarchiques habituellement observées dans les contextes territoriaux souvent qualifiés de « silos ».

Attention

> *Au sein des entreprises, la transversalité est un concept salutaire s'il s'agit de développer la valeur ajoutée « systémique » potentiellement issue des interfaces transversales.*

En effet, s'il n'existe pas de « transversalité » au sein d'une équipe ni au sein de son organisation environnante, car les deux, bien souvent, vont de pair, une bonne part de la valeur ajoutée « systémique » ou issue des interfaces est perdue. Dans ces conditions, il est souvent aussi efficace en termes de résultats de dissoudre le système et d'externaliser chacune de ses parties constitutives.

Autrement dit, la seule bonne raison de constituer ou préserver une entreprise ou tout autre système complexe, c'est de capitaliser sur la valeur ajoutée potentiellement issue des interfaces opérationnelles transversales qui doivent normalement exister entre chacun des sous-ensembles.

Aujourd'hui, le concept de transversalité remplace avantageusement ceux de « travail en équipe », et surtout de « délégation », qui, très paradoxalement, rendent souvent le patron trop responsable, voire trop central, dans le développement des interfaces de performance qu'il est nécessaire de consolider au sein des équipes. En deux mots, une véritable transversalité efficace ne passe pas par le patron, qui en reste toutefois informé.

Voir aussi : *Circularité, Délégation, Interface, Réseau.*

Triangle

Triangle des Bermudes, triangle infernal… et dans le métier de coach, contrat triangulaire, triangle dramatique, triangulation. Cette figure géométrique semble occuper une place de choix à connotation souvent négative, dans l'imaginaire populaire comme dans beaucoup de développements théoriques qui concernent nos relations interpersonnelles.

Attention

> *Il est intéressant de constater que le triangle est le schéma qui illustre une relation juste un peu plus complexe que la polarité simple qui existerait entre deux personnes.*

En effet, au-delà d'un trait entre deux points, le triangle est la première figure qui permet l'apparition d'un espace. Ajoutez encore un point, et avec le tétraèdre, nous sommes témoins de l'apparition d'un volume. Ces réflexions soulignent l'évidence de l'augmentation de la complexité qui accompagne l'addition de simples unités au sein d'un système. Un plus un plus un plus un ne laisse pas prévoir la complexité qui accompagne le volume créé par quatre, surtout si on y ajoute le facteur temps.

Par conséquent, il est utile de percevoir que dans le domaine de la relation, le triangle est une figure importante qui offre la première ouverture conceptuelle permettant de sortir des ensembles binaires et de s'initier à la complexité de constellations beaucoup plus importantes. Il est aussi utile d'envisager que, même lorsque l'on observe une relation apparemment simple entre deux personnes, un objectif ou un enjeu commun, une connaissance commune, un passé ou un futur partagé ajoutent souvent de la complexité et peuvent créer de la triangulation.

Le coach systémique prête une attention particulière à la dimension triangulaire inhérente à toute relation. Surtout lorsque cette dernière, présentée par un client, s'évertue à offrir une apparence beaucoup plus simple, d'un ordre binaire.

Voir aussi : *Constellation, Systémique, Temps.*

Triangulation

La triangulation est une stratégie « systémique » qui consiste à faire en sorte qu'un face-à-face symétrique, stérile ou conflictuel se transforme en une collaboration côte à côte, centrée sur l'atteinte d'un objectif commun.

Cette stratégie, qui consiste à rajouter au sein d'une relation en polarité un troisième élément sous la forme d'un objectif commun, est particulièrement prisée par les coachs systémiques, puisque par nature, ils sont résolument centrés sur l'atteinte des objectifs de leurs clients.

Voir aussi : *Circularité, Polarité.*

V

Valeur

Prix. Richesse intrinsèque à un objet ou à un service, généralement mesurée en équivalent monétaire. Le coaching est un service réputé à forte valeur ajoutée.

Valeur ajoutée

Richesse produite par un service qui augmente la valeur originale ou intrinsèque d'un produit ou d'un ensemble systémique. La valeur ajoutée du coaching repose sur l'atteinte d'objectifs mesurables, établis lors du début de la démarche, conjointement avec le client. Généralement, si l'accompagnement est effectué par un professionnel, le client est surpris par l'ampleur des résultats qui le comblent au-delà de ses espérances.

Valeurs

Ce qui « *est vrai, beau, bien, selon un jugement personnel plus ou moins en accord avec celui de la société de l'époque* », selon le Petit Robert.

Attention

> *Notez la différence souvent mesurable entre les valeurs*
> *verbalement promues, celles que l'on aime afficher, et les*
> *valeurs actives qui sont tout simplement et quelquefois*
> *brutalement révélées au quotidien par un comportement*
> *beaucoup plus spontané.*

Cela se passe un peu comme en publicité ou lorsque l'on écoute des politiciens. Il semble souvent que plus une personne ou un système affiche avec insistance une valeur donnée, plus il y a de chances qu'il agisse de façon diamétralement opposée.

- Inventoriez les pays qui, au nom de la liberté pour tous, sont les premiers à produire et vendre des armes de destruction massive et à engager leurs troupes pour étouffer la liberté des autres.

- Alignez les organisations religieuses dont les hiérarchies sont fondamentalement conservatrices et qui sont également expertes dans l'art de promouvoir l'amour avec un glaive, au risque de prendre la vie au nom de Dieu.

- Constatez la grande majorité des entreprises internationales d'aujourd'hui qui affichent leur engagement écologique et social pour mieux exploiter le filon de l'engagement durable. Parallèlement, la guerre de l'alimentation, de l'eau, du pétrole, de la pollution, etc., a déjà lieu, et le monde est en train de la perdre.

C'est comme si la promotion verbale de valeurs était formulée par un « surmoi » idéaliste, et le passage à l'action conduit par un état psychique et des motivations bien moins avouables. De toute évidence et quel que soit le discours sur les valeurs de beaucoup d'entreprises, « *business is business* » est leur seule vraie valeur durable. Nous pourrions en déduire que le fait de promouvoir ostensiblement un ensemble de valeurs serait une excellente stratégie pour cacher des objectifs totalement contraires et éventuellement moins altruistes. Dommage que les politiques et les organisations n'y aient pas encore pensé.

Toujours est-il que lorsqu'une entreprise, et surtout son comité de direction, veut préciser sa vision ou sa mission, il est bien souvent aussi question de ses valeurs. Pour accompagner ce travail essentiel, il sera utile pour un coach de s'assurer que le client collectif considère l'importance de promouvoir ses valeurs par l'exemplarité réellement mesurable, plutôt que de les afficher d'abord de façon péremptoire et publicitaire.

Voir aussi : *Culture, Éthique, Hermès, Mots.*

Victime

Rôle central du triangle dramatique, lui-même inventé par Stephen Karpman.

Attention

En l'absence du rôle de victime, les deux autres rôles de persécuteur et de sauveteur n'ont aucune raison d'exister ni aucune raison valable de se rencontrer.

Cela rend la position de la victime centrale au niveau du système relationnel proposé par le triangle dramatique. On peut même penser que, par sa position basse relativement puissante, c'est souvent la victime qui mène le jeu. Il est aussi envisageable de concevoir que les rôles de persécuteur et de sauveteur ne servent qu'à dissimuler des victimes potentielles qui cachent passagèrement leur vraie nature. Ces réflexions donnent au rôle de victime un énorme ascendant sur les deux autres rôles. Il est très largement sous-estimé par la grande majorité du public, qui préfère le considérer comme aussi faible et innocent que la veuve et l'orphelin.

Il faut aussi souligner que le rôle du public ou de la grande majorité silencieuse est prévu dans la dynamique du triangle dramatique. Sa tendance bien-pensante à se laisser manipuler en prenant régulièrement la défense de la victime pour entrer dans le jeu est quotidiennement confirmée. Même si ce rôle collectif est trop rarement mentionné, il existe sous l'appellation de « public ».

Voir aussi : *Bouc émissaire, Indicateur, Symptôme, Témoin, Triangle.*

Vide

Rien, comme le grand néant au sein de l'espace sidéral qui existe entre les étoiles qui tapissent le firmament. Comme le ferait une vulgaire pompe en provoquant une aspiration, le vide appelle le plein. La fonction de la matière est de remplir le vide. Dans la mesure où de nombreux objets inutiles envahissent notre environnement quotidien afin de remplir des vides affectifs ou existentiels plus profonds, c'est sans aucun doute ce principe matérialiste fondamental qui régit la société de consommation.

Toutefois et paradoxalement, il faut savoir qu'il y a bien plus de masse et d'énergie dans le vide de l'univers que dans l'ensemble des étoiles, planètes et autres constellations perceptibles. Certains décrivent d'ailleurs la matière perceptible que l'on connaît comme du vide qui aurait perdu de sa transparence, de sa souplesse et de son énergie. Par conséquent, la matière perceptible serait une sorte de vide fossilisé, bien moins puissant et bien moins souple.

Attention

Ces réflexions peuvent servir de métaphore pour illustrer l'importance et la puissance des espaces qui existent entre les lieux, au sein de nos systèmes collectifs. Ces espaces sont perçus comme des vides, alors qu'ils contiennent énormément de sens et d'énergie.

Lorsqu'un coach œuvre au sein d'un ensemble ou d'une constellation comme en coaching d'équipe ou d'organisation, il lui est bien plus utile de se concentrer sur les espaces ou les vides entre les membres du système, que sur chacun d'entre eux pris individuellement comme le ferait une approche psychologique traditionnelle. De même en coaching individuel, il est très utile de se centrer sur le développement du potentiel des interfaces pertinentes autour du client singulier, qui le lient aux constellations auxquelles il appartient. Cet espace ou ce vide entre les personnes d'un même système est communément habité par les interfaces opérationnelles, fonctionnelles, énergétiques, etc.

Attention

Les interfaces performantes au sein d'un système ne se limitent aucunement aux bonnes relations au sens social ou psychologique du terme.

Il est même courant de remarquer que lorsque les relations sont très bonnes au sein de certains systèmes, cela tient surtout à un soigneux évitement de la part des membres de créer des interfaces de performance. Par conséquent, la notion d'interface concerne surtout tous les échanges opérationnels qui participent à la création de la valeur ajoutée systémique.

Le maniement stratégique du vide au sein duquel existent ces interfaces est une approche centrale dans la pratique quotidienne du coaching :

- il est d'abord mis en œuvre par le silence du coach, par l'écoute du client dans ce qu'il a de plus personnel et de plus profond ;

- il est régulièrement appelé ou provoqué par des reformulations et des questions puissantes qui ont pour objectif de ramener le client à sa réflexion.

C'est par un maniement judicieux du vide au sein de la relation d'accompagnement que le coach crée un environnement propice à l'expression des aspirations de son client.

Voir aussi : *Aspiration, Interface, Silence.*

Virus

Couramment, une substance organique capable de transmettre une maladie. Germe pathogène et, par extension, principe de contagion comme pour nos chers virus informatiques. Les virus biologiques se reproduisent à partir de leur seul matériel génétique, et certains sont capables de profondément modifier celui d'un autre organisme en s'attaquant à son ADN. Si l'on considère que cette dynamique de transformation est dangereuse, il faut bien entendu s'en protéger.

Attention

Une approche virale positive peut être extrêmement efficace pour effectuer par diffusion naturelle des transformations profondes au sein d'un organisme vivant et complexe.

Par une modification virale positive de l'ADN de l'ensemble des cellules d'un système, une transformation fondamentale de cet ensemble peut être assurée.

Lorsqu'un coach accompagne une personne, une équipe ou une organisation par exemple, il lui est souvent utile de concevoir que l'évolution de ce client individuel ou collectif peut avoir un effet bénéfique, voire catalyseur, sur l'ensemble de son environnement direct. Par conséquent et de façon virale, un coach peut développer quelques stratégies indirectes d'accompagnement et de transformation de systèmes beaucoup plus larges.

• Quels sont les quelques personnes ou ensembles influents au sein d'un système qui sont naturellement pris comme modèles par tout leur environnement ?

• Quelle stratégie de changement peut-on mettre en œuvre auprès de ces individus et équipes afin d'avoir à terme un effet de modélisation positive sur leur environnement immédiat, puis beaucoup plus large ?

• Quels sont les processus interactifs, positifs, efficaces et résolutoires très naturellement et spontanément reproduits, et ceci dans quels types d'organisation ?

Un coach individuel, d'équipe ou d'organisation doit tenir compte de l'effet systémique plus conséquent que peut avoir un premier tout petit changement presque insignifiant sur l'ensemble de la constellation environnante.

Voir aussi : *Constellation, Génétique, Systémique.*

Vision

Capacité élargie du sens de la vue pratiquée par des visionnaires, soit dans l'espace soit dans le temps. En entreprise, une vision est une sorte de prévision du futur. Or, comme le confirme Pierre Dac, la prévision est très difficile, « *surtout lorsqu'il s'agit d'avenir* ».

En entreprise, le concept de vision concerne une perception quasi visuelle projetée dans l'avenir. Une vision décrit généralement un contexte pressenti souvent à dix, vingt ou trente ans, au sein duquel la mission d'une entreprise peut ensuite être définie puis déployée.

• *Vision* (de l'avenir) : dans les vingt prochaines années et au sein des entreprises au niveau mondial, les équipes et leurs hiérarchies telles qu'elles existent d'aujourd'hui vont disparaître. Elles seront remplacées par des réseaux éphémères, ouverts, très étendus, à configurations variables et adaptables, centrés sur des projets restreints. Elles seront surtout caractérisées par des relations paritaires et collaboratives.

• *Mission* d'une entreprise de services aux entreprises (B to B) : se développer dès à présent en se modélisant sur ce type de structure pour être précurseur dans la fourniture d'outils de communication et de services au bénéfice de ces organisations du futur.

Il est généralement admis qu'une vision clairement partagée par un grand nombre de personnes, suivie par la co-élaboration d'une mission précise et motivante permet de créer un ciment et une motivation à même de faciliter une mise en œuvre collective extrêmement performante.

La mobilisation et l'engagement que permettent une vision et une mission partagées facilitent le développement d'un esprit collectif relativement fort. Cette dynamique est particulièrement recommandée au sein d'organisations en réseau pour compenser par un *esprit* fédérateur leur manque de structure formelle, de contrôle et de centralisation.

Par exemple : le réseau Al-Qaida.

En effet, les réseaux qui ne développent pas un esprit collectif cohésif ou centripète deviennent souvent relativement inefficaces par leurs frontières peu définies et par leur type d'énergie essentiellement centrifuge.

Voir aussi : *Conspiration, Projet, Réseau.*

Z

Zéro

Stratégie minimaliste popularisée en entreprise par les notions de zéro papier, zéro bureau, zéro délai, zéro défaut, etc. L'approche « base zéro » est une des stratégies privilégiées parmi celles qui permettent un changement radical de cadre de référence. Elle propose aux partenaires d'un projet d'avenir de faire comme s'ils n'avaient aucun moyen ni aucune habitude héritée du passé, cela afin de partir de rien, c'est-à-dire de « zéro ».

Attention

Il ne s'agit pas de réinventer la roue, mais plutôt d'imaginer comment s'en passer.

Dans d'autres domaines stratégiques ou pratiques comme en coaching, l'application rigoureuse de l'approche « base zéro » est une attitude créative qui permet souvent de remettre en question les vieilles habitudes de pensée et de comportement, afin de relativiser le poids quelquefois pesant de l'histoire.

Lors de la compilation d'un budget « base zéro », il est demandé aux bénéficiaires d'un futur budget de faire abstraction de toutes les ressources octroyées au cours des années précédentes et de justifier de la nécessité de dépenser chaque euro ou de réclamer chaque ressource sur l'année à venir.

Pour un coach, les questions qui reposent sur une approche « base zéro » sont souvent des questions puissantes qui aident le client à retrouver ses motivations les plus profondes. La mise en œuvre de ces motivations n'est ensuite qu'une question de moyens.

- « Si vous faisiez abstraction de toutes ces contraintes, quelle serait la solution idéale ? »
- « Si vous pouviez repartir à zéro, quelle serait votre décision aujourd'hui ? »
- « En supposant que rien ne puisse vous empêcher de déployer votre potentiel dans de nouvelles directions, vers quel domaine d'activité motivant vous dirigeriez-vous ? »
- « Si vous faites abstraction de ce passé, que souhaitez-vous vraiment faire de votre avenir ? »

Voir aussi : *Héritage, Hypothèse, Juste à temps, Minimalisme.*

Bibliographie

ou liste franco-anglaise d'ouvrages de référence et de lectures proposées

Analyse transactionnelle

Eric BERNE, *Des jeux et des hommes*, Seuil, 1966.

Eric BERNE, *Que dites-vous après avoir dit bonjour ?*, Sand & Tchou, 1977.

Alain CARDON, Vincent LENHARDT et Pierre NICOLAS, *L'Analyse transactionnelle*, Éditions d'Organisation, 1979.

Alain CARDON, *Jeux pédagogiques et analyse transactionnelle*, Éditions d'Organisation, 1981.

Alain CARDON et Laurent MERMET, *Vocabulaire d'analyse transactionnelle*, Éditions d'Organisation, 1982.

Alain CARDON, *Jeux de manipulation*, Éditions d'Organisation, 1995.

Muriel JAMES, *Naître gagnant*, InterÉditions, 1978.

Muriel JAMES et Scott JONGEWARD, *Gagner au féminin*, InterÉditions, 1979.

Gysa JAOUI, *Le Triple moi*, Robert Laffont, coll. « Réponses », 1979.

Dorothy JONGEWARD et Philip SEYER, *Gagner dans l'entreprise*, InterÉditions, 1980.

Claude STEINER, *Games Alcoholics Play*, Ballantine Books, 1974.

Claude STEINER, *Scripts People Live*, Grove Press, 1974.

Coaching

Alain CARDON, *Coaching d'équipe*, Éditions d'Organisation, 2003.

Alain CARDON, *Leadership de transition*, Éditions d'Organisation, 2005.

Thierry CHAVEL, *Le Coaching démystifié : comment réenchanter le management*, Les Éditions Demos, 2001.

François DELIVRÉ, *Le Métier de coach*, Éditions d'Organisation, 2002.

Gilles FORESTIER, *Regards croisés sur le coaching*, Éditions d'Organisation, 2002.

Chantal HIGY-LANG et Charles GELLMAN, *Le Coaching*, Éditions d'Organisation, 2002.

Jacques-Antoine MALAREWICZ, *Réussir son coaching*, Village mondial, 2003.

Daniel MEYER, *Le Coaching du team avec Solution Circle*, Éditions à la Carte, 2006.

Édouard STACKE, *Coaching d'entreprise : performance et humanisme*, Village mondial, 2000.

John WHITMORE, *Le Guide du coaching*, Maxima, 2002.

Culture

Robert ARDREY, *The Territorial Imperative*, Delta Books, 1966.

Pascal BAUDRY, *Français et Américains : l'autre rive*, Village mondial, 2003.

Alain CARDON, *Profils d'équipes et cultures d'entreprises*, Éditions d'Organisation, 1992.

Erving GOFFMAN, *Asylums*, Anchorbook, 1951.

Erving GOFFMAN, *The Presentation of Self in Everyday Life*, Anchorbook, 1961.

Erving GOFFMAN, *Strategic Interaction*, Ballantine Books, 1975.

Edward T. HALL, *La Dimension cachée*, Seuil, 1971.

Edward T. HALL, *Au-delà de la culture*, Seuil, 1979.

Edward T. HALL, *La Différence cachée*, Stern, 1984.

Edward T. HALL, *Le Langage silencieux*, Seuil, 1984.

Edward T. HALL, *La Danse de la vie*, Seuil, 1984.

Edward T. HALL, *Guide du comportement dans les affaires internationales*, Seuil, 1990.

Desmond MORRIS, *La Clé des gestes*, Grasset, 1978.

Management

Raphaël BENAYOUN, *Entreprises en éveil*, Éditions sociales françaises, 1979.

Alain CARDON, *Le Manager et son équipe*, Éditions d'Organisation, 1986.

Alain CARDON, *Décider en équipe*, Éditions d'Organisation, 1992.

Alain GODARD et Vincent LENHARDT, *Engagements, espoirs, rêves*, Village mondial, 1999.

Paul HERSEY et Ken BLANCHARD, *Management of Organizational Behavior*, Prentice-Hall, 1982.

Taibi KAHLER, *Manager en personne*, InterÉditions, 2007.

Hubert LANDIER, *L'Entreprise polycellulaire*, Éditions sociales françaises, 1989.

Vincent LENHARDT, *Les Responsables porteurs de sens*, Insep Éditions, 1992.

Langdon MORRIS, *Managing The Evolving Corporation*, John Wiley & Sons, 1994.

Tom PETERS et Robert WATERMAN, *Le Prix de l'excellence*, InterÉditions, 1983.

Peter SENGE, *The Fifth Discipline*, Doubleday, 1990.

Alain SETTON, *Bible et management*, Desclée de Brouwer, 2003.

Michel WALTER, *Votre personnalité de manager*, Éditions d'Organisation, 1988.

Psychologie

Gaston BACHELARD, *La Psychanalyse du feu*, Gallimard, 1938.

Gaston BACHELARD, *La Poétique de l'espace*, PUF, 1958.

Norman O. BROWN, *Love's Body*, Vintagebook, 1976.

Fitzhugh DODSON, *Le Père et son enfant*, Marabout, 1974.

Fitzhugh DODSON, *Tout se joue avant 6 ans*, Marabout, 1996.

Alexandru DRAGOMIR, *Banalités métaphysiques*, Vrin, 2008.

Patrice VAN EERSE, Nathalie CALMÉ et Didier CHAPELOT, *Le Grand Livre de l'essentiel*, Albin Michel, 1995.

Milton H.ERICKSON, *Ma voix t'accompagnera*, Hommes et Groupes, 1986.

Georg GRODDECK, *Le Livre du ça*, Gallimard, 1973.

Stanislav GROF, *Psychologie transpersonnelle*, Éditions du Rocher, 1984.

Christiane SINGER, *Les Âges de la vie*, Albin Michel, 1984.

Christiane SINGER, *Histoire d'âme*, Albin Michel, 1989.

Christiane SINGER, *Une Passion*, Albin Michel, 1992.

Christiane SINGER, *Où cours-tu ? Ne sais-tu pas que le ciel est en toi ?*, Albin Michel, 2001.

Sociologie

Saul ALINSKY, *Manuel de l'animateur social*, Seuil, 1976.

Didier ANZIEU et Jacques-Yves MARTIN, *La Dynamique des groupes restreints*, PUF, 1968.

Systémique

Gregory BATESON, *Steps to an Ecology of Mind*, Ballantine Books, 1972.

Pierre BOULANGER et Guy PERELMAN, *Le Réseau et l'Infini*, Nathan, 1990.

Fritjof CAPRA, *Le Temps du changement*, Éditions du Rocher, 1983.

Fritjof CAPRA, *Le Tao de la physique*, Sand & Tchou, 1985.

Fritjof CAPRA, *La Sagesse des sages*, L'Âge du Verseau, 1988.

Alain CARDON et Jean-Marc BAILLEUX, *Pour changer !*, Éditions d'Organisation, 1998.

Jack COHEN et Ian STEWART, *The Collapse of Chaos*, Viking Penguin, 1994.

Daniel DURAND, *La Systémique*, PUF, 1987.

René GIRARD, *La Violence et le Sacré*, Grasset, 1972.

René GIRARD, *Des choses cachées depuis la fondation du monde*, Grasset, 1978.

René GIRARD, *Le Bouc émissaire*, Grasset, 1982.

Hermann HESSE, *Le Jeu des perles de verre*, Calmann-Lévy, 1955.

Jacques-Antoine MALAREWICZ, *Cours d'hypnose clinique*, Éditions sociales françaises, 1990.

Jacques-Antoine MALAREWICZ, *Quatorze leçons de thérapie stratégique*, Éditions sociales françaises, 1992.

Jacques-Antoine MALAREWICZ, *Guide du voyageur perdu dans le dédale des relations humaines*, Éditions sociales françaises, 1992.

Jacques-Antoine MALAREWICZ, *Comment la thérapie vient au thérapeute*, Éditions sociales françaises, 1996.

Jacques-Antoine MALAREWICZ, *Le Couple : quatorze définitions décourageantes donc utiles*, Robert Laffont, 1999.

Jacques-Antoine MALAREWICZ, *Systémique et entreprise*, Village mondial, 2000.

Edmond MARC et Dominique PICARD, *L'École de Palo Alto*, Éditions d'Organisation, 1984.

Jacques MELESE, *Approches systémiques des organisations*, Éditions d'Organisation, 1990.

Ilya PRIGOGINE, *La Fin des certitudes*, Odile Jacob, 1996.

Michel SALOFF-COSTE, *Management systémique de la complexité*, Aditech, 1990.

Mara SELVINI-PALAZZOLI, *Paradoxe et contre-paradoxe*, Éditions sociales françaises, 1979.

Mara SELVINI-PALAZZOLI, *Le Magicien sans magie*, Éditions sociales françaises, 1980.

Mara SELVINI-PALAZZOLI, *Dans les coulisses de l'organisation*, Éditions sociales françaises, 1984.

Mara SELVINI-PALAZZOLI, *Les Jeux psychotiques dans la famille*, Éditions sociales françaises, 1990.

Rupert SHELDRAKE, *The Presence of the Past : Morphic Resonance and the Habits of Nature*, Park Street Press, 1988.

Michael TALBOT, *The Holographic Universe*, Harper Collins, 1991.

Walter TOMAN, *Constellations fraternelles et structures familiales*, Éditions sociales françaises, 1987.

Tyler VOLK, *Metapatterns : Across Space, Time and Mind*, Columbia University Press, 1995.

Paul WATZLAWICK, *Une logique de la communication*, Seuil, 1979.

Paul WATZLAWICK, *Le Langage du changement*, Seuil, 1980.

Paul WATZLAWICK, *Changements : paradoxes et psychothérapie*, Seuil, 1981.

Paul WATZLAWICK, *Faites vous-même votre malheur*, Seuil, 1984.

William L. WHITE, *Incest in the Organizational Family : the Ecology of Burnout in Closed Systems*, Lighthouse Training Institute Publication, 1986.

Fred Alan WOLF, *Taking the Quantum Leap*, Harper and Row, 1981.

Danah ZOHAR et Ian Marshall, *The Quantum Society*, Bloomsbury Publishing, 1993.

Gary ZUKAV, *The Dancing Wu Li Masters*, Bantam Books, 1979.

Synchronicité

Marie-Louise VON FRANZ, *Nombre et temps*, La Fontaine de Pierre, 1983.

Carl Gustav JUNG, *L'Homme et ses symboles*, Robert Laffont, 1964.

Carl Gustav JUNG, *Ma vie*, Gallimard, 1966.

Carl Gustav JUNG, *Synchronicity*, Princeton University Press, 1973.

LAO-TSEU, *Tao-tö King*, Gallimard, 2002.

Jeremy NARBY, *Le Serpent cosmique : l'ADN et les origines du savoir*, Éditions Georg, 1995.

David F. PEAT, *Synchronicité : le pont entre l'esprit et la matière*, Éditions du Rocher, 1998.

Étienne PERROT et Richard WILHELM, *Yi-king*, Médicis, 1994.

Index

manipulation 29, 143, 157, 198, 218

manque de confiance en soi 130-131, 140, 170

manque de reconnaissance 90, 227

manque de temps 256

métaculture 161

mondialisation 20, 38, 119, 166-167

N

naturel 173-174

Noubel, Jean-François 21

P

paradoxe 125

passivité 29, 188, 194

Perls, Fritz 6

permission 207, 219

Platon 79

polarité 32, 193, 195, 261

position basse 194, 261, 267

position haute 194-195

posture 28

pouvoir 30

prise de décision 73

processus d'évolution 201

processus de certification 39

processus de communication 184, 219

processus de consultation 61

processus de croissance 201

processus de décision 61, 73-74, 121

processus de référencement 104

processus de réunion 202, 232

processus de sélection 104

processus de supervision 244

protection 207

puissance 206-207

Q

question puissante 7, 207, 213, 242, 276

R

reformulation 10, 15, 106, 216, 218, 270

relances 220

relances passives 216, 220, 261

résistance 158, 225

résistance au changement 67, 170, 193, 225, 234

responsabilité 29, 226

Rogers, Carl 8

S

Sartre, Jean-Paul 205

sauveteur 189

SFCoach 24

subordination 17, 29, 104

supervision 92, 244

www.ingramcontent.com/pod-product-compliance
Lightning Source LLC
Chambersburg PA
CBHW061139220326
41599CB00025B/4298